介入与改变：

社会非正式照护力量参与养老的理论与实证研究

李现文　许　勤　管园园 著

东南大学出版社
SOUTHEAST UNIVERSITY PRESS
·南　京·

图书在版编目(CIP)数据

介入与改变：社会非正式照护力量参与养老的理论与实证研究 / 李现文，许勤，管园园著 . — 南京：东南大学出版社，2019.11

ISBN 978-7-5641-8692-0

Ⅰ．①介…　Ⅱ．①李…　②许…　③管…　Ⅲ．①养老－青年志愿者行动－研究－中国　Ⅳ．① D669.6

中国版本图书馆 CIP 数据核字（2019）第 281726 号

介入与改变：社会非正式照护力量参与养老的理论与实证研究

著　　者：李现文　许　勤　管园园
出版发行：东南大学出版社
社　　址：南京市玄武区四牌楼 2 号（邮编：210096）
出 版 人：江建中
经　　销：新华书店
责任编辑：陈潇潇
开　　本：700mm × 1000mm　1/16
印　　张：9.25
字　　数：180 千字
印　　刷：虎彩印艺股份有限公司
版　　次：2019 年 11 月第 1 版
印　　次：2019 年 11 月第 1 次印刷
书　　号：ISBN 978-7-5641-8692-0
定　　价：36.00 元

本书出版受到“十三五”江苏省一级学科重点学科（护理学）、江苏高校优势学科建设工程（护理学）、南京医科大学教育研究课题（KCSZ 2019009）资助。

前 言

当前我国人口年龄结构金字塔正在发生显著变化，典型表现为金字塔上部呈现扩大趋势而底部则表现为不断萎缩，人口结构已由“正三角”形转向“梨”形。预计到2050年，老年人口的比重明显上升，养老照护是当前和将来很长一段时间我国重要的社会问题之一。与日益严峻的老龄化问题不匹配的是我国养老照护专业人员严重缺失。按照社会正常标准测算，具有照护技能的照护人员和老年人员的配比应为1∶4，而目前我国养老机构的职员数量不足30万人。习近平总书记在中共中央政治局集体学习中，就我国人口老龄化的形势和对策问题明确提出“社会参与”的要求。我国的老龄化速度在“十三五”期间表现为明显放缓的趋势，这为我国积极应对老龄化所带来的挑战提供了不可多得的机会。在养老照护队伍有着极大缺口和需求的背景下，经过培训的社会志愿团体参与养老照护对于减轻老年照护人力负担具有积极意义。

养老照护是政府服务民生的投入，以满足老年人多样需求以及实现美好生活的需要。本书紧跟国内养老问题研究热点，积极响应《国务院办公厅关于推进养老服务发展的意见》中提出的“打造‘三社联动’机制，以社区为平台、养老服务类社会组织为载体、社会工作者为支撑，大力支持志愿养老服务，积极探索互助养老服务，大力培养养老志愿者队伍”要求，对社会非正式照护力量介入养老问题进行了系统的理论与实证研究探索。本书通过对国内养老照护志愿服务的既往研究进行文献计量分析，从总体上把握了国内养老照护志愿服务的进展，进而提出了关于社会志愿团队参与养老照护的核心问题与推动路径，并构建了“政府－高校”联动视角的专业化养老照护志愿服务体系。在这些理论研究的基础上，本书利用量性研究方法，对社会志愿团队参与养老照护师资培训、评价等进行了实证分析，并利用质性研究的方法，探讨了社会志愿团体参与养老照护的实践困境与对策，分析了不同类型社会志愿团队参与养老照护的典型案例。

本书在编写过程中得到了南京医科大学护理学院、共青团江苏省委社会联络部（志工部）、江苏省红十字会、江苏省老年医学学会、江苏省老年学学会等领导的关心和支持，在此一并表示感谢！由于编者水平有限，疏漏之处在所难免，恳请读者赐教指正。

编　者

2019 年 9 月

目 录

第一章　总体框架

2018年末，我国65周岁以上老年人口已超过1.6亿，达到全国总人口的11.9%[1]，老龄化形势极度严峻，社会养老问题日益凸显。近年来，我国的养老照护在养老模式[2-4]、体系建设[5-6]、服务制度发展[7-8]等方面取得了长足进步，但仍有一些问题没有得到足够关注，主要表现为对失能、失智老年人等有养老照护特殊需求即问题突出的老年群体关注较多，而对有一般照护需求即问题不突出的老年群体关注较少；对当前的老年群体关注较多，而对即将步入老年即现在的中年人等群体将面临的养老照护问题关注较少；对养老照护人力的探索多关注于建立固定、全职的专业养老服务从业者，而对于能够在一定空间灵活发挥作用的非固定专业团体培养较少，而社会非正式照护力量参与养老恰是破解这些问题的积极举措。

《国务院办公厅关于推进养老服务发展的意见》(国办发〔2019〕5号)指出，为打通“堵点”，消除“痛点”，破除发展障碍，健全市场机制，持续完善居家为基础、社区为依托、机构为补充、医养相结合的养老服务体系，建立健全高龄、失能老年人长期照护服务体系，强化信用为核心、质量为保障、放权与监管并重的服务管理体系，大力推动养老服务供给结构不断优化、社会有效投资明显扩大、养老服务质量持续改善、养老服务消费潜力充分释放，确保到2022年在保障人人享有基本养老服务的基础上，有效满足老年人多样化、多层次养老服务需求，老年人及其子女获得感、幸福感、安全感显著提高。养老照护是政府服务民生的投入，是满足广大群众老龄化需求的积极改革。

本书对社会非正式照护力量介入养老问题进行了系统的理论研究与实证研究。第一章介绍了全书的总体框架；第二章对国内养老照护志愿服务的既往研究进行了文献计量分析，以期从总体上把握国内养老照护志愿服务研究的现状；第三章则是对社会志愿团队参与养老照护的核心问题与推动路径进行了阐述，并对社会志愿团体参与养老照护进行了 SWOT 分析；第四章是从“政府 - 高校”联动视角，构建了专业化养老照护志愿服务体系；第五章、第六章是利用实证研究，分别对社会志愿团队参与养老照护师资培训、评价等进行了量性分析；第七章则是利用质性研究的方法，探讨了社会志愿团体参与养老照护的实践困境与对策；第八章介绍并分析了不同类型社会非正式照护力量参与养老的典型案例；第九章对于今后社会非正式照护力量参与养老的未来进行了展望。本书在最后还附录了本书编者所在单位作为第一起草单位所发布的《养老照护志愿服务规范化培训专家共识》，以期为养老照护志愿服务的规范化培训提供参考。

参考文献

［1］中华人民共和国国家统计局 . 中华人民共和国 2018 年国民经济和社会发展统计公报［EB/OL］.（2019-02-28）［2019-06-21］. http://www.stats.gov.cn/tjsj/zxfb/201902/t20190228_1651265.html.

［2］陈莉，卢芹，乔菁菁 . 智慧社区养老服务体系构建研究［J］. 人口学刊，2016，38（3）：67-73.

［3］黄佳豪，孟昉 .“医养结合”养老模式的必要性、困境与对策［J］. 中国卫生政策研究，2014，7（6）：63-68.

［4］丁建定 . 居家养老服务：认识误区、理性原则及完善对策［J］. 中国人民大学学报，2013，27（2）：20-26.

［5］穆光宗 . 我国机构养老发展的困境与对策［J］. 华中师范大学学报（人文社会

科学版)，2012，51(2)：31-38.

[6] 董红亚 . 我国社会养老服务体系的解析和重构 [J]. 社会科学，2012(3)：68-75.

[7] 龚静怡 . 居家养老—社区养老服务：符合中国国情的城镇养老模式 [J]. 河海大学学报(哲学社会科学版)，2004(4)：72-74.

[8] 穆光宗 . 中国传统养老方式的变革和展望 [J]. 中国人民大学学报，2000(5)：39-44.

第二章　社会志愿团体参与养老照护的文献计量分析

在当前我国人口老龄化背景下，老年人口数量庞大且普遍健康状况不佳，家庭照料能力有限，养老照护队伍有着极大需求和缺口，社会力量积极介入养老照护，推动专业化养老照护志愿者参与到养老照护中，对于减轻老年照护人力负担，满足老年人健康服务需求有着积极意义。对于我国目前有关养老照护志愿服务的研究文献分布有何特征，其研究热点如何，还未有系统分析。对这些问题的探讨，既可以明确我国养老照护志愿服务的研究热点及动向，亦将为今后养老照护工作的实践和研究提供参考。本章对国内有关养老照护志愿服务研究的文献进行了系统检索，并将检索结果导入崔雷等开发的共词矩阵挖掘工具——书目信息共现挖掘系统进行文献计量分析。在分析过程中，为了提高关键词的聚类效果而使用手工筛选的方式剔除特征词，并将部分相同含义的关键词进行合并，将生成的关键词词篇矩阵导入 gCLUTO 1.0 软件中进行聚类分析，以期通过国内养老照护志愿服务的文献计量分析，从总体上把握国内养老照护志愿服务的现状及进展。

第一节　文献检索与分析方法

1. ***检索方法***

以中国知网为目标数据库，检索策略为：① 主题词搜索“养老志愿服务”；

② 时间无限定；③ 学科分类无限定。共搜索 236 条文献，经过筛选，将 236 条文献全部录入 Note Express 中，查重后剩余 235 篇待分析。

2. 信息提取

将得到的 235 篇文献导入共词矩阵挖掘系统——书目信息共现挖掘系统 BICOMB 中，将一部分意义相近的关键词合并，生成关键词出现频率统计、关键词频次矩阵。

3. 聚类分析

聚类分析（cluster analysis）是一组将研究对象分为相对同质的群组（cluster）的统计分析技术，使类内元素同质性最大化和类间异质性最大化。将在 BICOMB 中形成的关键词矩阵导入软件 gCLUTO 1.0 中，采取重复二分法的算法（repeated bisection），相似性计算采用 *cosine* 函数，聚类标准函数为 I2，对该系列数据进行聚类形成一个可视化山丘。聚类分析能够寻求高频词以及这些词之间的联系，从而反映概念间的关系和学科研究热点。本研究利用软件 gCLUTO 1.0 最终生成可视化曲线山丘图及矩阵图，对矩阵图做拉伸处理得到聚类结果树形图谱。

第二节　国内养老志愿服务研究的年代分布特征分析

从国内养老志愿服务研究文献的年代分布可以看出，国内对于养老志愿服务的研究从 2001 年开始，2009 年以后发表的文献数量逐渐上升，2012 年以后国内对养老志愿服务的研究处于高水平，发表的养老志愿服务相关文献数量整体呈上升趋势，表明了养老照护的志愿服务逐渐引起了学界的重视。

表 2.1　国内对养老志愿服务研究的文献年代分布

时间	出现频次	百分比（%）	累计百分比（%）
2018	39	16.81	16.81
2017	37	15.95	32.76

续 表

时间	出现频次	百分比（%）	累计百分比（%）
2016	37	15.95	48.71
2015	33	14.22	62.93
2014	26	11.21	74.14
2012	21	9.05	83.19
2013	10	4.31	87.50
2019	10	4.31	91.81
2010	6	2.59	94.40
2011	5	2.16	96.55
2009	5	2.16	98.71
2006	1	0.43	99.14
2002	1	0.43	99.57
2001	1	0.43	100.00

第三节　国内养老志愿服务研究的高频词分析

为了进行国内养老志愿服务研究的高频词分析，本研究将在 BICOMB 中将合并后的关键词按 incident 统计成表格。从表 2.2 中可以看出，出现频次最高的几个关键词分别是“社区养老”“居家养老”“志愿服务”“人口老龄化”“供需”和“互助养老”。

筛除无意义高频词后，出现频次超过 5 次的高频词有 20 个。从这些高频词中可以看出“社区养老”[1-4]、“居家养老”[5-9]、“志愿服务”[10-15]作为养老志愿服务的形式受到研究者的重视，研究者立足人口老龄化[16]的社会背景，聚焦“时间银行”[17-22]、“互助养老”[2, 23-27]、“机构养老”[28-29]等新模式。供需关系也是国内对养老志愿服务研究的一大热点，提示养老志愿服务以需求[30-31]为导向。此外，"政府"[32-34]作为研究的高频词提示政府职能在养老志愿服务中的重要作用。

表 2.2　国内养老志愿服务研究的高频词分布

序号	关键字段	出现频次	百分比（%）	累计百分比（%）
1	社区养老	61	7.07	7.07
2	居家养老	45	5.21	12.28
3	志愿服务	38	4.40	16.69
4	养老服务	31	3.59	20.28
5	人口老龄化	22	2.55	22.83
6	供需	21	2.43	25.26
7	互助养老	17	1.97	27.23
8	老龄化	17	1.97	29.20
9	社会工作	14	1.62	30.82
10	时间银行	14	1.62	32.45
11	青年志愿	13	1.51	33.95
12	志愿者	10	1.16	35.11
13	社区	9	1.04	36.15
14	非营利组织	9	1.04	37.20
15	政府	9	1.04	38.24
16	社会资本	8	0.93	39.17
17	养老志愿服务	7	0.81	39.98
18	养老	6	0.70	40.67
19	机构养老	6	0.70	41.37
20	老年人	6	0.70	42.06

第四节　国内养老志愿服务研究的关键词聚类分析

在 gCLUTO 中将导入的数据聚类形成可视化山丘图，从而反映研究热点。可视化山丘用于可视化类群的相对相似性，聚类的数量，类内相似性，类内标准差。红色代表低标准差，指同类内项目具有高度相似性，蓝色代表高标准差，指类内项目具有高度异质性。从图 2.1 中可以看出 Cluster 7 的山丘体积最大，峰顶呈红色，因此，Cluster 7 中的文献研究方向高度一致，对其分析可得到国内养老志愿服务的研究热点。

从 Cluster 7 显示的研究热点中看出，为应对人口老龄化的社会现状，研究者以需求为导向，积极构建新型养老模式。李小云[35]等的研究面向原居安老的社区规划策略，以老年人的需求为导向，通过与国际比较，提出原居安老模式应成为中国未来老年人的主要居住方式。胡军[36]提出通过组织融合、信息融合、功能融合、情感融合，探索建立“家园互融”养老服务中心。许福量[37]则从老年人服务需求入手，借助 iPad 的载体，对城市社区空巢老人的精神养老服务系统进行设计与研究。牛晓峰[38]研究了国有企业在以“居家养老为基础、社区服务为依托、机构养老为支撑”的“9064”养老模式中的作用。结合以上分析可以看出，当前养老照护志愿服务关注的对象多是社区养老和居家养老群体，研究的

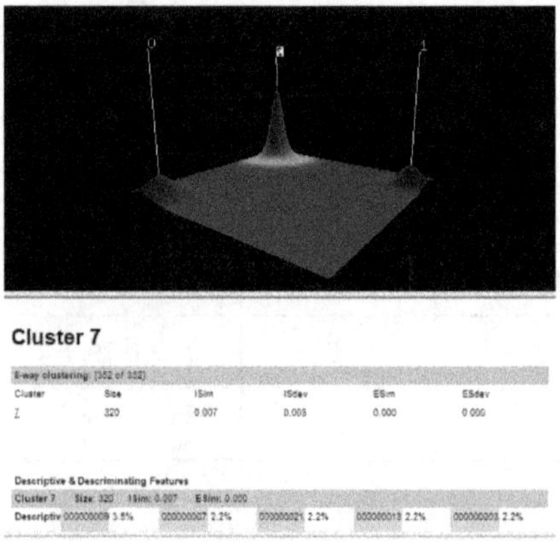

图 2.1　国内养老志愿服务研究的关键词可视化山丘图及聚类 Cluster 7

热点集中于养老模式而未涉及社会力量的介入，研究的重心包括互助养老、时间银行等具体的实践形式。

参考文献

[1] 毕佳 . 城市社区养老服务产业人力资源开发研究：以昆明市为例 [D] . 昆明：云南财经大学，2014.

[2] 白静 . 北京西城区社区养老服务管理研究 [D] . 大连：大连海事大学，2016.

[3] 于建明，陈雪楠，段祥伟 . 构建并完善以居家和社区养老为主体的养老服务体系势在必行 [J] . 中国民政，2018 (21)：12.

[4] 卜时忠，钱志洪，於建 . 社区养老服务机制研究 [J] . 市场周刊 (理论研究)，2017 (12)：157-158.

[5] 安然 . 城市居家养老服务体系发展研究 [D] . 太原：山西财经大学，2015.

[6] 边秀伊 . 农村居家养老服务中老年人的行动策略研究 [D] . 金华：浙江师范大学，2015.

[7] 博梦云 . 我国社区居家养老服务人才队伍建设研究 [D] . 合肥：合肥工业大学，2015.

[8] 曹彦阳 . 城市社区居家养老服多元供给研究 [D] . 济南：山东大学，2016.

[9] 陈鹤松，吴靖 . 以人民为中心的居家养老模式构建路径 [J] . 改革与战略，2019，35 (3)：1-7.

[10] 曹彤丹 . 高校志愿服务参与社区养老长效机制的研究 [D] . 北京：北京邮电大学，2017.

[11] 白玫，朱庆华 . 老年用户智慧养老服务需求及志愿服务意愿影响因素分析：以武汉市江汉区为例 [J] . 现代情报，2018，38 (12)：3-8.

[12] 陈柯梅 . 我国空巢老人对大学生志愿服务需求的研究 [J] . 医学信息，2019，32 (12)：37-39.

[13] 崔子褘，王现，金小蕾，等 . 健康促进志愿服务项目在构建“互助养老”模式

中的作用探讨［J］. 健康教育与健康促进，2018，13（3）：281-282.

［14］冯骏芳 . 社区养老志愿服务问题研究［D］. 太原：太原科技大学，2017.

［15］兰天莹 . 将壮医学生志愿服务引入养老服务的可行性分析［J］. 中国民族医药杂志，2016，22（1）：60-61.

［16］曾斌 . 老龄化背景下我国社区养老模式研究［D］. 南宁：广西大学，2016.

［17］蔡玉敏 . 社区养老“时间银行”可持续发展的路径选择：基于“老有所为”的理论视角［J］. 浙江树人大学学报（人文社会科学），2017，17（1）：58-63.

［18］程成 . 基于时间银行的居家互助养老模式研究［D］. 西安：西安建筑科技大学，2015.

［19］侯丽琴 .“时间银行”模式下互助养老服务合同法律关系研究［D］. 天津：天津商业大学，2014.

［20］李秀芳 . 以时间银行模式破解农村养老服务困境［J］. 河北北方学院学报（社会科学版），2018，34（5）：79-82.

［21］祁峰，高策 . 发展“时间银行”互助养老服务的难点及着力点［J］. 天津行政学院学报，2018，20（3）：19-25.

［22］汪子倩 . 高校大学生参与“时间银行”养老志愿服务研究［J］. 合作经济与科技，2019（14）：76-77.

［23］曹莹 . 基于互联网 + 的智慧互助养老服务模式研究［J］. 管理观察，2018（14）：74-75.

［24］董自龙 . 我国城市社区互助养老问题研究［D］. 杭州：浙江财经大学，2013.

［25］付强 . 我国城市互助养老问题研究［D］. 大连：大连海事大学，2017.

［26］刘冰 . 时间银行在社区互助养老中的可持续应用研究：基于虚拟货币五大职能的视角［J］. 财经界，2018（9）：123-124.

［27］王敏刚 . 农村互助养老服务模式研究［D］. 武汉：华中科技大学，2014.

［28］陈静 . 吉林省机构养老服务发展研究［D］. 长春：吉林大学，2015.

［29］陈壮艳 .“互联网 +”机构养老融合发展探讨［J］. 新西部，2018（9）：20，67.

［30］边恕，黎蔺娴，孙雅娜．社会养老服务供需失衡问题分析与政策改进［J］．社会保障研究，2016（3）：23-31.

［31］陈志霞．供需适配角度的居家养老资源配置和服务优化研究［D］．上海：华东政法大学，2015.

［32］包国宪，刘红芹．政府购买居家养老服务的绩效评价研究［J］．广东社会科学，2012（2）：15-22.

［33］常敏，朱明芬．政府购买公共服务的机制比较及其优化研究：以长三角城市居家养老服务为例［J］．上海行政学院学报，2013，14（6）：53-62.

［34］陈爽．政府购买居家养老服务法律制度研究［D］．重庆：西南政法大学，2016.

［35］李小云．面向原居安老的城市老年友好社区规划策略研究［D］．广州：华南理工大学，2012.

［36］胡军．江东区努力构建“家院互融”养老服务体系［J］．宁波通讯，2010（10）：54-55.

［37］许福量．城市社区空巢老年人精神养老服务系统的设计与研究［D］．杭州：浙江大学，2015.

［38］牛晓峰．国有企业在居家养老志愿服务中的作用［J］．办公室业务，2019（6）：61.

第三章　社会志愿团体参与养老照护的核心问题及推动路径研究

老龄化问题已成为全国各省经济社会发展亟须解决的议题[1]。与日益严峻的老龄化问题矛盾的是，我国养老照护专业人员严重缺失[2]。习近平总书记在中共中央政治局集体学习中，就我国人口老龄化的形势和对策问题明确提出“社会参与”的要求。但当前学界对于社会志愿团体参与养老照护问题还没有专门探讨，对于社会志愿团体参与养老照护的核心问题、基本理念以及实践推动路径等问题还有待明确。本章按“为什么、是什么、怎么办”的逻辑脉络，在对近年来我国养老照护现状及现存问题分析的基础上，结合2017年及2018年江苏省红十字会养老照护师资培训项目、2018年中国红十字会总会养老服务师资培训（南京班）项目，以及一项中国红十字总会志愿服务项目发展计划的实践，提出了社会志愿团体参与养老照护的核心问题是养老照护范畴界定问题，并对此进行了辨析，概括了以人为本、公益性以及基于信念和责任等基本理念，对社会志愿服务介入养老照护进行了SWOT分析，最后从养老照护任务导向角度提出了具体的实践推动路径，以期为今后社会志愿团体参与养老照护的持续开展提供理论参考。

第一节　我国养老照护存在的问题

我国人口年龄结构金字塔正在发生显著变化，典型表现为金字塔上部呈现扩大趋势而底部则表现为不断萎缩，人口结构已由“正三角”形转向“梨”形[3]，预计到2050年，老年人口的比重明显上升，尤其是80岁及以上的女性人口将成为数量最为庞大的人群，养老照护是当前和将来很长一段时间我国重要的社会问题之一。我国的老龄化速度在“十三五”期间表现为明显放缓的趋势[4]，这为我国积极应对老龄化所带来的挑战提供了良好机遇。

我国养老照护相关研究主要集中在机构养老、居家养老两个主要渠道。其中，在机构养老方面，“医养结合”是我国在“十三五”时期重点培育和发展的养老服务方向。国务院发布的《关于加快发展养老服务业的若干意见》中明确提出要“积极推进医疗卫生与养老服务相结合，推动医养融合发展”，努力探索医养结合新形式，这回应了当下养老的医疗需求与医养服务结合政策实践的紧迫要求。“医养结合”将现代医疗服务技术与养老服务有效结合，实现了“有病治病、无病疗养”的养老保障模式创新[5]，突破了一般医疗和养老的分离状态，体现为两种资源相向而进的连续过程[6]。在社区居家养老方面，则进行了养老服务时间银行模式等积极探索，养老服务时间银行模式的运行能够充分调动社区潜在养老资源，整合社区中零散的、闲置的人力资源，调动社区老年人“自我养老”的积极性[7]。此外，我国对于长期护理保险、失能护理互助保险在筹资渠道、费用支付与服务供给问题等在多地进行了试点[8-9]，在智慧社区养老服务体系构建、“互联网＋养老”服务模式等方面也进行了积极探索[10-11]。

对既往文献的梳理可以看出，我国的养老照护在养老模式及体系建设、服务制度发展等方面取得了长足进步，但仍有一些问题没有得到足够关注，主要表现为对失能、失智老年人等有养老照护特殊需求（即问题突出的老年群体）关注较多，而对有一般照护需求（即问题不突出的老年群体）关注较少；对当前的老年群体关注较多，而对即将步入老年（即现在的中年人）等群体将面临的养老照护问题关注较少；对于养老照护人力的探索多关注于建立固定、全职的专业养老服务从业者，而对于能够在一定空间灵活发挥作用的非固定专业团体培养较少，而社会志愿团体参与养老照护恰是破解这些尚存问题的积极举措。

第二节　社会志愿团体参与养老照护的核心问题

养老照护志愿者自愿性、公益性服务的开展，能够实现资源共享、降低社区服务成本，减轻政府负担[12]，经过专门培训的社会志愿团体参与养老照护是补充专业化养老照护人员不足的重要途径。社会志愿团体参与养老照护的核心问题是社会志愿团体能够完成的养老照护范畴界定问题。厘清社会志愿团体参与养老照护的核心问题，能够避免潜在的法律纠纷，是社会志愿团体参与养老照护专业化的重要前提。结合南京医科大学护理学院承接的一项中国红十字总会志愿服务项目发展计划的实践来看，社会志愿团体参与养老照护范畴界定须厘清以下几个方面：

1. 社会志愿团体参与养老照护的“能级”与医生与护士、专职护理员存在区别

由于专业技术水平、从业是否全职等现实因素限制，社会志愿团体所能完成的养老照护范畴的“能级”不同于具有医疗专业背景的医生、护士和专职护理员（表 3.1）。如在安宁照护中，医生、护士可以基于临终老年人的老年综合评估，开展疼痛、呼吸困难、大小便失禁等临终症状的管理与护理，以及完成老年人死亡后的开具死亡证明、尸体料理等工作；专职护理员在照护临终老年人过程中可以协助养老机构或居家养老中心的医生与护士完成安宁照护，如协助患者服用口服药等部分非医疗舒缓治疗，以及对老年人症状的观察与反馈；社会志愿团体则仅可参与怀旧疗法、阅读疗法等替代疗法。再比如，在抑郁症的照护中，医务人员要承担抑郁症的诊断、治疗及护理工作；专职护理员协助患者用药，并同医护人员一起做好患者的安全管理；社会志愿团体则主要是借力“触发”问题及时发现老年人可能存在的抑郁问题。三个群体在安宁照护与抑郁照护中体现了较明显的“能级”层次差别。当然，这种“能级”差别并非“等级”，不代表着社会志愿团体参与养老照护不重要或不必要，仅是体现了一种不同养老照护力量所从事的照护范畴不同。此外，由于社会志愿团体具有医生与护士、专职护理员所不具备的灵活性，其能够完成的部分养老照护亦非其他“能级”的医生与护士、专职护理员适合承担的。如在安宁照护中居丧期家属的照护问题，在现实照护实践中，由于医生与护士、专职护理员日常工作负担限制，更适合由社会志愿团体承担。

表 3.1　社会志愿团体与其他养老照护人员的常见工作范畴对比

主题	医生与护士	专职护理员	社会志愿团体
心理照护（以抑郁照护为例）	抑郁症的筛查、诊断、治疗与护理	抑郁患者用药协助、患者安全管理	借助“触发”问题等及时发现可能的抑郁问题
安宁照护	临终症状管理与护理、药物治疗与管理、尸体料理	协助完成部分非医疗舒缓治疗、症状观察与反馈	怀旧疗法、阅读疗法等替代疗法、居丧期家属照护
急症安全照护	心脏骤停的应急处置及生命支持、脑卒中等心脑血管事件应对	徒手心肺复苏术	徒手心肺复苏术及技能传播
管饲饮食照护	营养评估、特殊饮食方案制订、管饲饮食置管与管理	管饲饮食喂食	管饲饮食喂食及技能传播
移乘照护	康复评定、物理治疗、作业治疗、语言治疗、健康与运动营养治疗	协助使用康复用具	床椅转移指导、协助使用康复用具
排泄照护	失禁的治疗与护理、皮肤压力性损伤预防与处理	协助大小便管理、皮肤压力性损伤的预防	失禁的非医疗处置、皮肤压力性损伤的预防建议

2. 社会志愿团体参与养老照护不涉及医疗行为

从养老照护的供体即社会志愿团体自身来看，当前主要包括以医务人员为主、以医学院校大学生为主，以及以社会志愿者为主等三种类型。但不管志愿团体成员本身的职业是否具有医疗行为资质，当其作为社会志愿团体成员参与养老照护时，其角色即为志愿者，经过专门培训后能够胜任养老照护知识宣传、一般养老照护行为等工作，但不应涉及医疗行为。以老年人心理照护为例，社会志愿团体经过专门培训后可以借助“触发”问题等方法及时发现老年人抑郁问题并反馈给老年人家庭成员或所在养老机构，但不适合开展抑郁筛查或诊疗相关行为；在老年人安宁照护中，社会志愿团体可以借由一对一或小组团体的形式开展怀旧疗法，但不适合开展疼痛的用药决策。

3. 社会志愿团体参与养老照护承担着健康传播的角色

2016年出台的《“健康中国2030”规划纲要》凸显了健康传播在医疗资源分布不均、老龄化趋势、国民健康素养偏低，以及医患关系紧张等新形势下的重要意义。相比于医生与护士的专业执业性质，以及全职护理员的全工作时限照护特点，社会志愿团体参与养老照护体现着更明显的养老照护知识与技能健康传播角色。社会志愿团体通过现场宣讲、个案照护中对家庭成员的教育与影响、制作与发放养老照护宣传材料、发挥典型老年人的示范作用等途径，纠正人们对养老照护不正确的观念与行为，认识新的养老照护行为并强化已有的照护行为，从而实现养老照护在老年人家庭内的自我传播、老年人群体间的人际传播以及不同群体间的组织传播。

4. 社会志愿团体参与养老照护涉及全人照护

当前对于失能、失智等老年人的照护需求及满足途径分析，针对的多是老年人对自身是否需要养老照护或是从老年人经济支付能力考虑的老年人所能负担的养老照护服务。这种养老照护需求并没有把即将迈入老年阶段的中年人、老年人所在家庭的青年人等包括在内，亦未将养老照护社会风气的养成作为一个目标。社会志愿团体能够完成的养老照护范畴中所涉及的对象应将中年人等其他人群包括在内，从而体现全人照护，并将社会影响力作为社会志愿团体参与养老照护工作的一个重要目标。

第三节　社会志愿团体参与养老照护的基本理念

社会志愿团体参与养老照护既是一种普遍意义的志愿服务，同时也因养老照护的特殊性而与其他志愿服务不同。结合马克思主义人学思想以及志愿服务性质，可以将社会志愿团体参与养老照护的基本理念概括为以人为本、公益性以及基于信念和责任。

1. **以人为本**

以人为本是马克思主义人学思想的重要原则[13]。养老照护的以人为本包括了志愿服务对象即老年人和社会志愿团体两个层面。对老年人做到以人为本，要做到尊重老年人的自主选择。社会志愿服务不同于医疗服务，在患者知情同意下，医务人员具有独立的医学处置，选择医疗、预防、保健方案的权利，甚至在丧失意识、自杀等情况下具有特殊干涉权利[14]，但在社会志愿服务中不会出现这样的情形。无论是传统的被安排接受养老照护的，还是主动申请接受志愿服务的，老年人及老年人所在家庭或机构，均有权利做出选择是否接受。要把志愿服务对象的满意度视为养老照护志愿服务的首要评价指标。对社会志愿团体的以人为本，则是要求志愿团体管理者、老年人及全社会能从人的本能角度出发，合理看待志愿者可能存在的利己性动机[15]，并把这种利己动机作为维护养老照护持续性的重要支点，从而实现利己动机与最终对老年人利他价值的双赢。

2. **公益性**

公益性指的是养老照护志愿服务必须指向公共利益。不管社会志愿团体的性质和管理是否从属民政、红十字会等部门，任何以养老照护名义进行的营利性活动都不属于志愿服务。养老照护志愿服务的公益性包括对志愿者的非工具性和对社会志愿团体的非工具性。对志愿者的非工具性强调养老照护志愿服务不以获得回报为基本目的，对社会志愿团体的非工具性指的是志愿服务不应达到养老照护服务以外的经济目标、社会目的或其他目的。社会志愿团体参与养老照护的公益性并非仅强调志愿者的完全奉献和付出。志愿者在养老照护过程中，自身也能丰富生活经验，加深对于养老照护知识和技能的理解，获得成就感和精神满足，并在与团体成员的合作中提升领导能力和协作参与能力，从而体现“互助”的志愿精神[16]。

3. **基于信念和责任**

如同环境保护、扶弱救残、社区服务等诸多领域志愿服务的社会责任感那样，基于信念和责任亦是社会志愿团体参与养老照护的基本理念。基于信念和责任强调社会志愿团体成员在养老照护过程中基于道德上的自我满足心理需求和社会责任感。社会志愿团体参与养老照护是一种有目的、有意识的自觉服务行为，在养老照护过程中必将促进社会的有序传承，以及社会团体责任意识的进一步培养。这种信念与责任的正性循环将有利于保证养老照护的持续开展。

第四节　社会志愿团体参与养老照护的 SWOT 分析

在中国人口老龄化程度不断加深[17]，养老照护人员严重缺失[18]的背景下，社会志愿团体参与养老照护具有重要意义。本节以目前国内的养老现状作为出发点，依据 SWOT 分析法从内部优势、劣势和外部机遇、威胁 4 个层面分析社会志愿团体参与养老照护问题，并从制度完善等方面提供相应对策与建议，以期提升社会志愿团体有效参与养老照护的质量。

1. **SWOT 分析法的意义**

SWOT 分析法又称为态势分析法，通过对被分析对象内部的优势和劣势、外部的机遇和威胁等加以综合评估与分析，从而充分利用内部优势和外部机遇，克服内部劣势、化解外部威胁，使内部资源、外部环境有机结合。这种方法可以对研究对象所处的情景进行全面、系统、准确的研究，并根据研究结果制定相应的发展战略、计划以及对策等[19]。

2. **社会志愿团体参与养老照护的 SWOT 分析结果**

（1）优势分析

① 社会志愿团体的志愿精神：社会志愿团体的成员大部分都是社会爱心人

士，有着崇高的品德与互助、不求回报的志愿精神，他们互相帮助、助人自助、无私奉献、不求回报，凭借自己的双手、头脑、知识、爱心开展各种志愿服务活动，无偿帮助那些需要帮助的人们[20]。

② 多样灵活的服务方式：社会志愿团体参与养老照护可以同时提供生活照顾与精神慰藉。以往的养老模式虽然可以在一定程度上满足老年人的生活方面需求，但是较少提供心理服务。社会志愿团体不仅可以为老年人提供就餐、洗衣等生活照顾，还可以尽力满足老年人精神愉快的需求，可以在一定程度上实现老年人期望的以家庭为主的养老模式[21]。

③ 社会志愿团体的制度优势：社会志愿团体可以根据自身具体情况以及服务对象的特点制订适合自身以及老年人的，以老年人的利益为主，机构发展为辅的制度[22]。

（2）劣势分析

① 志愿者的数量不足、质量不高：社会志愿团体中的志愿者主要有数量不足和质量不高两大问题。我国社会志愿者现有人数与所需人数相比远远不足，而且这些社会志愿者大都是各行业内出于奉献精神而自愿加入组织的，主要利用自己业余时间从事服务，具有不稳定性。此外，由于这些社会志愿者来自各行各业，教育背景不同，而且大多缺乏养老照护的专业知识，社会志愿团体对于志愿者的培训质量不高，导致养老照护质量难以保证。志愿者培训突出问题之一就是培训内容与实际需求不能形成良好的对接。部分志愿组织的培训课程跟不上服务要求，培训不够专业化、系统化，这一问题严重制约志愿组织发展并影响到民众参与志愿服务活动的热情[23]。此外，培训内容也不全面[24]，有些志愿组织培训只注重理论知识的灌输和价值观的熏陶，而忽视实际操作能力的培养。相反的，有些志愿组织培训只注重服务技能培养而轻视志愿服务精神的培育。

② 志愿服务内容单一、分配不均：社会志愿团体服务的内容比较单一，且极易导致服务资源分配不均衡。养老志愿服务以满足老年人基本生活需求，提升生活质量为宗旨开展活动，具有较强的针对性和活动性[25]。然而，有些社会志

愿团体由于志愿者专业技能不足，无法为老人提供所需的各种服务，只能给予精神的慰藉、生活的一些帮助。偏远落后的农村地区与经济发展水平高的发达城市相比，优质服务资源、优秀志愿者主要集中在后者，在一定程度上造成发达地区与不发达地区服务资源分配不平衡[26]。

③ 志愿者的安全保障不足：在志愿服务过程中，由于一些原因或意外事件可能造成志愿者的人身伤害和财产损失[27]，尤其在参与危险系数较大的志愿服务时，志愿者得不到他们所期望的保障[28]。虽然有些社会志愿团体会为其志愿者购买了意外保险，但是绝大部分社会志愿团体由于其志愿者流动性较大或者对志愿者安全保障意识不强，而未为志愿者购买保险。

④ 缺乏完善的管理体制，组织结构松散：社会志愿团体的成员“兼职”的现象较多，在管理上比较人性化，没有形成严格、高效的现代组织管理机制。其次，社会志愿团体大部分都是由社会爱心人士自发组织而成，缺乏一定的组织、协调和管理等能力，造成组织结构松散[29]。

（3）机遇分析

① 国情层面：当今的中国处于老龄社会，老年人寿命延长，老年人与总人口数的比例日益加大。随着人口老龄化速度加快，我国老年人口规模不断增大，年龄结构呈高龄化趋势发展。此外，由于城市化等的影响，空巢老人增多。根据2015年全国老龄委的数据显示，目前国内大中城市老年空巢家庭率达到70%，预计从2015年到2035年国内的老年人口将年均增长1 000万左右[30]。

② 政策支持：2011年，国务院办公厅印发《社会养老服务体系建设规划（2011—2015年）》，明确提出以政府主导、多方参与为基本原则，开放社会养老服务市场，通过公建民营、民办公助、政府购买等多种形式引导和支持社会力量兴办各类养老服务设施，同时鼓励社会组织参与养老服务，不断提高社会养老服务水平和效率。在中共中央政治局集体学习中，习近平总书记就我国人口老龄化的问题强调[31]，“坚持党委领导、政府主导、社会参与、全民行动相结合，坚持应对人口老龄化和促进经济社会发展相结合，坚持满足老年人需求和解决人口

老龄化问题相结合，努力挖掘人口老龄化给国家发展带来的活力和机遇，努力满足老年人日益增长的物质文化需求，推动老龄事业全面协调可持续发展”。

（4）威胁分析

① 政府扶持力度欠缺：政府部门虽然出台了一系列政策文件积极推动社会参与，但相关政策对非营利组织扶持力度仍然不足，非营利组织参与养老服务过程之中还存在一些制度或者政策方面的阻碍[32]。

② 资金短缺：我国多数社会志愿团体在实际运营过程中面临资金短缺的窘境。社会志愿团体的资金主要通过政府购买服务的方式筹集，在政府购买服务力度不足的情况下，社会志愿团体普遍面临经费不足的问题[33]。此外，社会志愿团体动员社会资源的能力有限，向社会募款效果较差，致使进入居家养老服务领域的民间社会资金少之又少。

③ 管理体制规定严格，实际监管效果不明显：为了规范社会志愿团体发展，政府部门采用了“双重管理”体制，即社会志愿团体获得合法身份需要获得所在行业业务主管部门和民政部门双重审批。然而，“双重管理”机制使社会志愿团体参与居家养老服务的准入门槛过高，严重阻碍了社会志愿团体自由、独立的发展，使其发展程度滞后，在一定程度上限制了社会志愿团体参与养老服务的能力[34]。

④ 社会信任薄弱：社会信任是维持社会组织生存、运作的根本，决定了社会志愿团体吸引人才、获取社会资助和财政支持的能力。由于社会志愿团体运行过程中缺少信息公开，与公众沟通交流较少，无法取得社会的广泛认可。同时，一些组织的负面报道为社会组织带来的严重的社会信任危机，导致社会志愿团体发展过程中的资金、人才匮乏等问题[35]。

3. 对策与建议

（1）提高养老照护项目的合理化　社会志愿团体养老照护服务的开展应该以科学、全面的需求调研为基础，以解决需求为根本目标，真正满足服务对象的需求，进一步实现供需对等和多层次服务[36]。面向特定老年群体、特定领域，提供专业服务，保障重点人群、重点领域的常态化需求。同时，养老照护组织要做好充分的准备，对志愿者的能力要求、岗位说明、服务时限等进行全面的描述。

（2）建立合理的培训机制　对于规模不大的社会志愿团体而言，由于专业人员的数量很少，对志愿者的培训就显得特别重要，要建立起规范的培训机制，让培训成为一种经常性和必须性的活动。采取分类培训，即对于分工不同的志愿者采取不同的培训方式，培训工作相关内容。在培训专业技能知识时，要潜移默化地提高志愿者的思想素质和政治觉悟，从而激发其工作积极性[37]。

（3）重视社会志愿团体的风险管理　社会志愿团体管理者须依据各种法律规章制度，做好前期的风险评估，制定保障制度，订立书面协议，明确当事人之间的权利义务。其次，社会志愿团体要建立责任保险，有意识地形成政府、社会、个人风险共担机制，借助保险公司和保险经纪公司的风险管理经验，及时发现并消除养老志愿服务过程中存在的安全隐患，提升社会志愿团体和志愿者的风险意识，更好地维护老年人以及志愿者的合法权益[38]。

（4）优化社会志愿团体的管理体系　优化社会志愿团体管理可以提高其运行效率与社会效益，同时可以促进社会志愿团体的发展。当前我国优化社会志愿团体管理的核心是加强制度建设和优化组织体系建设[39]，主要包括改善和健全社会志愿团体的登记管理制度、健全社会志愿团体的内部管理制度并加强内部管理能力、优化对社会志愿团体的政府监管、建立社会志愿团体的社会化监管体制。

（5）加大社会宣传力度　为了号召和动员公民发扬中华民族乐于助人的优良传统，唤起全民的公益意识，社会志愿团体应该积极与新闻机构、传播媒体合作，充分利用电视、互联网等大众媒介大力宣传公共服务领域，让更多的人了解社会志愿团体，关注并参与志愿活动。同时，社会宣传与社会监管、信息公开结合可以增强社会信任，为志愿活动的开展以及社会志愿团体的健康发展营造优良的外部环境[40]。

（6）加大政府对志愿服务的扶持力度　我国社会志愿团体的主要经费来源于政府，政府需健全完善购买社会志愿团体公共服务的运行机制和制度体系，为社会志愿团体提供财政支持，还可在纳税、交通、社会保险等方面为社会志愿团体提供优惠措施。此外，政府部门应该提供更多的政策指导与支持，完善基础设施、共享公共资源，鼓励社会志愿团体朝专业化、市场化自主运作，以更好地满足社会需求[41]。

社会志愿团体参与养老照护现状的SWOT分析表明，社会志愿团体具有崇高的志愿精神、多样灵活的服务方式、制度优势等内部优势，志愿者数量不足、志愿服务质量不高、服务内容单一、组织结构松散等内部劣势；具有国情优势、政策支持等外部机遇，政府扶持力度不够、资金短缺、社会信任薄弱等外部威胁。基于此，社会志愿团体应提高养老照护项目的合理化、建立合理的培训机制、重视社会志愿团体的风险管理、优化社会志愿团体的管理体系、加大社会宣传力度、加大政府对志愿服务的扶持力度。

第五节　社会志愿团体参与养老照护的推动路径

从推动路径的制定方来看，社会志愿团体参与养老照护的路径包括社会志愿团体管理机构的宏观指导以及各社会志愿团体自身特色活动。社会志愿团体管理机构的宏观指导多以项目化形式开展。如中国南丁格尔志愿护理服务总队南京医科大学护理学院分队所承担的中国红十字总会志愿服务项目发展计划即是以项目化形式为推进的实践应用，其在规定的一年时间内通过痴呆及认知缺损老年人防走失干预、老年人个体化移乘辅助用器指导、农村老年人健康扶贫青春行实践活动[42]等推动项目执行。各社会志愿团体自身特色活动则须依据上文提到的参与养老照护的3种类型社会志愿团体的人员组成而开展。如何利用互联网的便利，将信息化嵌入到养老照护志愿服务中，从而实现线上和线下相结合的服务模式是今后各社会志愿团体可借助的重要途径。

从养老照护的任务导向来看，社会志愿团体参与养老照护的实践推动路径主要包括成立与扩充专业化养老照护社会志愿团体、建立系统化的社会志愿团体养老照护培训体系、积极宣传养老照护知识及推广培训养老照护技能、构建科学的社会志愿团体参与养老照护的量性评价体系。其中，成立与扩充专业化养老照护社会志愿团体和建立系统化的社会志愿团体养老照护培训体系是基础，宣传养老照护知识及推广培训养老照护技能是主要任务，构建科学的社会志愿团体参与养老照护的量性评价体系是监督和制度保障。以江苏省红十字会指导的社会志愿团体为例，为深入贯彻落实党的十八大和十八届三中、四中、五中、六中全会精神和习近平总书记在中共中央政治局第三十二次集体学习时提出的“党委领导、政府主导、社会参与、全民行动相结合，推动老龄事业全面协调可持续发展”要求，紧紧围绕江苏省委省政府的决策部署，坚持把弘扬中华民族孝亲敬老传统美德与红十字精神相结合，2017 年及 2018 年江苏省政府将红十字会参与养老服务工作列入“年度十大主要任务百项重点工作”，积极参与应对人口老龄化，明确“新建 100 个社区红十字养老照护志愿服务队”，并依托南京医科大学护理学院完成每年 4 期的全省养老照护志愿服务师资培训（training of trainers, ToT），借助 ToT 培训模式依托志愿服务队在全省范围内开展养老照护知识普及和志愿服务活动。2018 年中国红十字会总会养老服务师资培训（南京班）亦是采用的 ToT 培训模式。

社会志愿团体参与养老照护并非时至今日才出现的志愿服务，但在当前养老照护人员存在较大缺口和我国积极应对老龄化良好机遇的背景下，针对一般老年人及中年人面临的养老照护问题关注较少、对于非全职的养老照护人员重视不足等问题，社会志愿团体是补充养老照护人力资源的重要力量，这回应了本章最初所提到的“为什么”的问题。厘清社会志愿团体参与养老照护的核心问题将有助于明确界定养老照护范畴，从而避免潜在的法律纠纷。本章所提出的以人为本、公益性以及基于信念和责任的基本理念是在 2017 年及 2018 年江苏省红十字会养老照护师资培训项目、2018 年中国红十字会总会养老照护师资培训项目（南京班），以及一项中国红十字总会志愿服务项目发展计划实践的基础上概括提出的，范畴的界定和理念的提出将有助于规范和引领社会志愿团体参与养老照护的实践活动，这解答了“是什么”的问题。此外，本章还在 SWOT 分析的基础上，从养老照护任务导向角度提出了具体的实践推动路径，这为今后社会志愿团体参与养老照护工作的实际推进提供了切实可行的参考，这回答了“怎么办”的问题。当然，由于各地养老照护的需求以及各社会志愿团体的愿景存在不同，本章所提出的推动路径的适用性还有待于在更多实践中加以验证和补充。

参考文献

［1］中华人民共和国国家统计局 . 中华人民共和国 2017 年国民经济和社会发展统计公报［EB/OL］.（2018-02-28）［2019-06-21］. http://www.stats.gov.cn/tjsj/ zxfb/201802/t20180228_ 1585631.html.

［2］刘秀楠，傅端香 . 社会化养老照护人才培养的困境与对策［J］. 改革与开放，2017（11）：54-55，62.

［3］辜胜阻，吴华君，曹冬梅 . 构建科学合理养老服务体系的战略思考与建议［J］. 人口研究，2017，41（1）：3-14.

［4］翟振武，陈佳鞠，李龙 . 中国人口老龄化的大趋势、新特点及相应养老政策［J］. 山东大学学报（哲学社会科学版），2016（3）：27-35.

［5］孟颖颖 . 我国“医养结合”养老模式发展的难点及解决策略［J］. 经济纵横，2016（7）：98-102.

［6］张晓杰 . 医养结合养老创新的逻辑、瓶颈与政策选择［J］. 西北人口，2016，37（1）：105-111.

［7］张晨寒，李玲玉 . 时间银行：居家养老服务模式的新探索［J］. 河南师范大学学报（哲学社会科学版），2016，43（5）：80-85.

［8］辜胜阻，王建润，吴华君 . 京津冀协同发展中的人口问题研究［J］. 经济与管理，2017，31（1）：10-13.

［9］石磊 . 我国长期护理保险制度模式研究［D］. 北京：首都经济贸易大学，2018.

［10］于潇，孙悦 .“互联网 + 养老”：新时期养老服务模式创新发展研究［J］. 人口

学刊，2017，39（1）：58-66.

［11］陈莉，卢芹，乔菁菁 . 智慧社区养老服务体系构建研究［J］. 人口学刊，2016，38（3）：67-73.

［12］张念英，魏秀红，黄晶，等 . 居家老年人护理需求调查研究［J］. 护理学杂志，2014，29（3）：22-23.

［13］周振兴 . 志愿服务的人学困境及应对策略：基于马克思主义人学基础视角的考量［J］. 佳木斯大学社会科学学报，2018，36（1）：88-92.

［14］王锦帆，尹梅 . 医患沟通［M］. 北京：人民卫生出版社，2016.

［15］郑朝静 . 辨析志愿行为的利己性动机［J］. 山东理工大学学报（社会科学版），2013，29（1）：49-52.

［16］穆青 . 如何理解志愿服务与志愿精神［J］. 北京青年政治学院学报，2005（3）：9-12.

［17］刘晓旭 . 积极应对人口老龄化：访全国老龄工作委员会办公室政策研究部主任李志宏［J］. 健康之友，2018，（7）：32-37.

［18］郭明贤，富爽，李英 . 养老护理人员合理化配置需求的调查与分析［J］. 中华现代护理杂志，2016，22（34）：4913-4916.

［19］林鑫，吴善玉 . 基于 SWOT 方法的我国"医养结合"养老服务模式现状分析［J］. 中国社区医师，2018，34（30）：10-11，13.

［20］肖彦 . 论志愿者精神［D］. 长沙：中南大学，2014.

［21］吕双翠 . 非营利组织参与社区养老问题研究［D］. 成都：西南财经大学，2008.

［22］罗玉茹，罗婧，刘瑶，等 . 基于 PEST-SWOT 模型对医养结合养老模式的分析［J］. 护理研究，2018，32（4）：590-594.

［23］涂敏霞，刘思贤 . 志愿服务组织能力建设调查报告：以广州志愿组织建设为分析视角［J］. 广东青年职业学院学报，2012，26（2）：11-15.

［24］苟颖超 . 我国志愿服务制度建设的问题及对策［D］. 青岛：青岛科技大学，

2016.

［25］唐欣欣．关于社会工作介入养老志愿服务的思考［J］．山西青年，2018（12）：31，30.

［26］孙昌增．志愿服务制度化创新：志愿服务大众化发展的导向［J］．沈阳工程学院学报（社会科学版），2018（3）：316-319，324.

［27］聂阳阳，穆青．志愿服务发展研究志愿服务过程中风险的预防与救助［J］．中国青年研究，2010（10）：8-12.

［28］范丛．大学生志愿者权益保障研究［D］．济南：山东大学，2014.

［29］戴瑞鹏，罗雪连．河池市公益团体发展现状调查与研究［J］．文存阅刊，2018（19）：162-163.

［30］向田．我国大中城市老年空巢家庭率已达 70%［J］．老同志之友，2016（2）：14.

［31］国务院办公厅．国务院办公厅关于印发社会养老服务体系建设规划（2011—2015 年）的通知［EB/OL］．（2011-12-16）［2019-06-21］http://www. gov. cn/zwgk/2011-12/27/content_ 2030503. htm.

［32］习近平在中共中央政治局第三十二次集体学习时强调党委领导政府主导社会参与全民行动推动老龄事业全面协调可持续发展［J］．新天地，2016（6）：4.

［33］陆洁如．社会组织参与养老服务供给过程中的障碍因素［J］．管理工程师，2018，23（05）：68-72.

［34］廖鸿，田维亚，石国亮．社会组织参与社会管理创新的调查研究：基于全国三省一市调查的分析与展望［J］．中国青年研究，2012（2）：51-55.

［35］李长远．社会组织参与居家养老服务的困境及政策支持：基于资源依赖的视角［J］．内蒙古社会科学（汉文版），2015，36（4）：166-170.

［36］徐晓玲．志愿者参与养老服务路径研究［J］．社会福利（理论版），2016（10）：14-17.

［37］吴鹏．非政府组织志愿者管理机制完善途径探索［J］．四川理工学院学报（社

会科学版)，2009，24（1）：100-103.

［38］孙文灿．养老志愿服务侵权责任研究［J］．老龄科学研究，2016，4（10）：9-15.

［39］关信平．论我国当前加强和改善社会组织建设的关键环节［J］．城市观察，2012（2）：5-15.

［40］宿玥．我国非营利组织中志愿者管理的问题及对策研究［J］．理论界，2010（10）：194-195.

［41］韩琳．养老志愿服务发展组织化进程［J］．中国老年学杂志，2017，37（4）：1025-1027.

［42］中国新闻网．江苏丰县：志愿服务实践基地实施健康精准扶贫，2018.［EB/OL］．［2018-07-13］．http://www.js.chinanews.com/news/2018/0713/181209.html.

第四章 “政府－高校”联动视角的专业化养老照护志愿服务体系构建

2018年末，我国65周岁以上老年人口已超过1.6亿，达到我国总人口的11.9%[1]，老龄化形势极度严峻，社会养老问题日益凸显。“十三五”健康老龄化规划中，优化老年健康服务、加强老年健康教育被列为重点任务[2]。目前我国养老照护人员专业水平较低且数量缺乏[3]，老年健康服务供给严重不足。政府领导和扶持下的民间组织、志愿团体等非正式照护资源参与到养老服务中，可推动老年照护服务供给侧变革，整合社会资源，共同推进老年健康促进与教育工作。然而，现有社区志愿服务内容较为单一、服务水平较低，尚不能满足养老主体的刚性需求[4]。志愿团体开展的活动，多集中在较为简单的项目上，有必要在专业化程度上进行拓展[5]。本章基于“政府－高校”联动视角，提出了包括队伍建设、培训模式、知识共享场建设、质量监测在内的专业化养老照护服务体系，以期为持续输出综合素质高、专业能力强的志愿服务，推动养老的社会参与提供参考。

第一节 多方联动共建养老照护志愿服务队伍

养老志愿服务队伍是开展养老照护志愿服务的主体，是完善老年人社会支持体系的有效补充。目前社区老年人养老照护服务需求日益增长，养老志愿服务队伍建设迫在眉睫。而养老照护志愿者培训可提高志愿者能力素质及强化志愿服务理念，提升志愿服务队伍核心能力。需要注意的是，养老照护志愿者培训不是由政府或是社会志愿团队作为唯一供给者，而应实现多元化主体联动培训。

随着各级政府在养老事业与产业发展中的主导角色的变化，各级政府及有关民政、红十字会等部门可以依法通过购买服务等方式，支持养老照护志愿服务的运营与管理，并依照国家和各地有关规定向社会公开购买服务的项目目录、服务标准、资金预算等相关情况，并接受志愿服务工作协调机构、资方有关部门、养老照护志愿者的监督。多元化主体联动共建队伍则保证了在队伍建设、能力培训、志愿服务实践等过程的共赢基础，是当前养老照护志愿服务专业化队伍建立的优化选择。

第二节　推进需求导向的能力本位养老照护志愿者培训模式

1. 多角度、引领性需求评估

培训需求是整个培训的出发点与落脚点。研究表明，基于志愿者需求评估的培训能够提升志愿者参与服务的满意度[8]，满足其自我发展、自我提升的需求。但目前的志愿者培训前需求评估较为片面，多为组织者层面主观分析[9]。引领性需求的评估应包括3个层面：第一为组织层面，须结合各地老龄化背景，从宏观上评估养老照护志愿团队发展的需求以及社区养老服务的战略需求；第二为志愿者层面，厘清志愿者养老照护知识与技能的掌握情况与需求未满足状况，以及需要进一步提升的重点；第三为服务对象层面，明确机构养老及社区居家养老的老年人多元化服务需求。此外，通过对社区居家养老服务中心管理者、养老机构管理者、养老护理员、社区志愿者、社区居家老年人及家庭成员深度访谈及问卷调查的基础上，进行需求评估与分析。

2. 需求为导向的三阶梯培训框架

波特菱形理论[10]认为，某个行业产品或者服务只有满足了对象的需求才具有竞争优势，养老照护志愿服务亦是如此。培训架构整体应在多角度、立体式需求评估的基础上确立，整体采用 ToT 培训模式[11-12]，即培训者培训模式，该模式中受训者也是培训人，从而发挥团队培训的优势，激发学员的主动性，提高受训学员的向心力和凝聚力。整个培训运行包括 3 个层次阶梯成员：第一阶梯受训者为养老照护师资力量，旨在使其培训、资格认证后成为志愿者培训师资，后续开展培训并建立和发展志愿团队；第二阶梯成员为专业志愿者，促使其提高专业化水平，其由第一阶梯成员开展培训；第三阶梯者为所有老年人可获得的正式与非正式照护资源，在能力范围内可以参与相关活动与知识普及，其自身同时也是直接获益者。通过自上往下的协同合作，可以保证培训的高效率运转，同时也用较小的成本在较大程度以及较广的养老照护知识与技能的普及上取得事半功倍的效果。

3. 能力本位的多元化模块化教学

专业化养老照护志愿者培训应旨在提升志愿者核心胜任力，因而其教学应突出能力本位。在考量养老照护志愿者核心能力的基础上，尤其是将养老照护志愿者与医务人员、专职护理员的照护范畴进行界定，对养老照护志愿者核心能力的各能力要素进行鉴定分解后，构建的课程模块包括老年人饮食照护、安全照护、用药照护、排泄照护、睡眠照护、心理照护等模块。各教学模块实现在能力本位的基础上，理论与实践的有机结合，旨在培养贴合实际的应用技能，更具有系统性和可复制性。养老照护志愿者通过对老年人日常照护、医疗保健及心理护理等多方面知识与技能进行成体系的学习，提升自身专业素养，了解老年人的生理、心理特点和照护需求，掌握照护能力、心理疏导能力、良好的沟通与人文关怀能力、开展老年人文体活动的指导能力以及作为师资的授课能力等。

传统的志愿者培训多为“单纯灌输型”的授课[13]，具有一定的局限性，其较少考虑激发受训者的学习兴趣，阻碍了志愿者在培训中发挥主观能动性与创造性。养老照护志愿服务实践性较强，培训须注重应用能力的培养。培训应采用多元化培训形式相结合，理论授课中采用授课型学习与体验参与式学习相结合的方法，通过对大量实际案例情境的分析，更为形象地讲述理论知识，并通过情景模拟、角色扮演等活动，让受训者能更深入地从老年人的角度思考问题，并更利于沟通能力与人文关怀品质的培养。而实操技能学习适宜采用组员联结型学习团队，以培训教师作为引导者，团队成员位于主导地位，通过成员间的互动、分享，开展技能练习、问题讨论等，形成知识联结体，达成知识的共享。试讲考核环节主要通过培训学员自主利用幻灯片进行演示授课等，以锻炼受训者的授课能力及健康教育能力。

第三节　线上－线下相结合的知识共享场建设

依托互联网便捷性的网络线上培训能够节省集中培训的时间与费用[14]，尤其适用于受训群体完全脱岗参与系统培训较为困难的情形，同时也可以实现持续性知识共享。通过线上－线下培训相结合的培训方式进行养老照护志愿者培训，可以实现信息技术与专业培训的整合。线下现场培训主要针对养老照护师资培训课程，线上培训主要包含慕课（MOOC）式教学模式、移动端平台直播课程以及线上培训资源库开发与使用。以成人学习的原则为指导确定线上教学的形式与内容[15]，其原则主要包括：

① 适合原则：要求所有线上内容、资料、案例分析，依据使用者固有知识结构与水平进行层次化设置，教学方法须结合不同阶梯培训者的需要与兴趣。

② 重点原则：线上平台展示培训课程的脉络图，使学员了解培训架构。

③ 双向沟通原则：线上培训须给予使用者提问、反馈的途径，加入与参与者的思考与互动；安排专门人员进行网络平台管理，解答参与者的困惑，并在线上平台及时分享国内外最新先进经验和知识。

④ 练习学习原则：网络上布置相应的思考问题，并设置规范的专业养老志愿者网络考核标准。

第四节　规范化质量监测与反馈

服务质量的监管需要建立完善的考核与反馈体系。对于培训而言，是否有效不仅是依据养老照护志愿者在培训结束时知识与技能的掌握情况进行即时判断，还要将后期服务过程运用效能的中远期评价 [16]。培训效果的指标应包括：① 养老照护知识的培训反应，即对整体培训及各个培训模块的满意度；② 养老照护志愿者的学习评估，包括知识、技能、试讲考核；③ 志愿服务开展中的后续追踪，进行志愿者队伍服务效能的监管。持续性质量监测需要给予养老照护志愿者实际工作中知识与技能运用情况的反馈平台，利用科学的评价指标体系，实现对服务的持续性质量监测。

质量监测的核心作用不是项目评价，而是作为项目质量评估和持续改进的基础。无论是志愿服务组织自身设计、开展的项目，还是政府购买服务的委托项目，当前常以自然年度作为时间单位，并以自然年作为项目持续的时间单位。在项目延续开展或委托的过程中，反馈扮演着提升质量的重要角色。高质量的反馈，可以为项目质量改进与提升提供契机，是增强项目反应效果的重要前提。

“政府－高校”联动下的养老照护志愿者培训整合了社会各方力量，既有政府提供的政策与资金的保障及宏观管理，又发挥了高校在人才培养与输出中的重要作用，并且加强了政府、高校在志愿服务人才培养与实际社会需求上的沟通衔接，有效输出应用型人才。在养老照护志愿服务工作缺乏专业性，接受正规护理知识学习的志愿者稀少的背景下，专业化志愿者培训的开展，可建构志愿者不同层次的学习体验，全面提高志愿者素质与知识技能水平，使其实现自己的价值，达到自我超越，同时推动专业化养老照护志愿者团队的发展，切实把优质服务带到老年人身边，积极填补我国养老照护队伍的缺位，同时为新时代文明实践活动贡献力量。

参考文献

[1] 中华人民共和国国家统计局 . 中华人民共和国 2018 年国民经济和社会发展统计公报 [EB/OL]. (2019-02-28)[2019-06-21]. http://www.stats.gov.cn/tjsj/zxfb/201902/t20190228_1651265.html.

[2] 国家卫生计生委 . 关于印发“十三五”健康老龄化规划的通知 [EB/OL]. (2017-03-09)[2019-06-21] http://www.nhfpc.gov.cn/jtfzs/jslgf/201703/63ce9714ca164840be76b362856a6c5f.shtml.

[3] 熊冶琛 . 我国城市社区养老服务面临的困境与对策 [D]. 湘潭：湘潭大学，2017.

[4] 冯美琪 . 我国社区养老志愿者队伍建设研究 [J]. 现代商业，2018 (12)：139-140.

[5] 夏辛萍 . 积极老龄化视野下老年志愿者活动问题 [J]. 中国老年学杂志，2015 (10)：2862-2864.

[6] 冀会会 . 城市社区志愿者培训机制研究 [D]. 济南：山东大学，2018.

[7] 林小希 . 上海社区养老志愿者服务体系研究 [D]. 上海：上海工程技术大学，2013.

[8] 刘笑明，陆燕梅 . 基于提高志愿者满意度的公立医院志愿者培训体系研究 [J]. 江苏卫生事业管理，2017，28 (3)：101-102，106.

[9] 柳如梦 . 需求导向下社区养老服务的社工介入 [D]. 南京：南京师范大学，2016.

[10] 谭伟红，刘志文，肖化 . 职教领域专业学位研究生培养的竞争优势策略分析：基于波特的钻石体系理论 [J]. 华南师范大学学报（社会科学版），2016 (4)：92-96.

[11] 柏晓玲，方茜，彭天碧，等 .TOT 模式在护士床旁血糖监测技术培训中的应用 [J]. 齐鲁护理杂志，2014 (9)：108-109.

[12] 刘传红，屈清荣，孙巧枝 . 培训者培训模式在护士静脉治疗培训中的应用 [J]. 中国护理管理，2015，15 (9)：1114-1117.

[13] 赵凤伟．我国城市社区养老服务的困境及对策研究 [D]．大连：东北财经大学，2015.

[14] 张瀚月，陈仕品．“互联网 +”视域下大学生支教志愿者网络培训课程设计 [J]．中国教育信息化，2018 (14)：41-45.

[15] Paul Piché. 网络继续医学教育中成人学习的十项基本原则 [J]．中国继续医学教育，2012，4 (1)：40-41.

[16] 郗子斐．城镇社区居家养老服务的人力资源建设研究 [D]．西安：西北大学，2015.

第五章　社会志愿团体参与养老照护师资培训的实证研究

第一节　社会志愿团体参与养老照护师资培训需求分析

老龄化问题已成为影响我国各省市经济社会发展的突出问题。以江苏省为例，江苏省已全面进入老龄化社会，其中慢性病老人占全省老年人口的 71.09%，失能老人占全省老年人口的 2.48%[1]，大大加重了医疗与养老照护负担。目前江苏省养老护理员的缺口至少是 6 万人[2]，2017 年起，江苏省政府将红十字会养老照护志愿服务工作列入省政府重点工作[3]，旨在依托志愿服务团队进行养老照护相关知识的普及和开展志愿服务工作，借助社会“第三方力量”，弥补社区老年人养老照护服务的不足。但当前养老照护志愿服务尚处于起步阶段，养老照护志愿者多面临专业知识及技能储备不足[4]、缺乏针对性培训等问题。既往文献对于社会志愿团队在参与养老服务的研究多集中在红十字会参与养老服务的模式的探索以及医养护“三位一体”的实践融合[5-6]等，尚未发现社会志愿团队养老照护师资培训需求分析的探讨。本章对江苏省红十字社会志愿团队养老照护师资的培训需求进行了调查与分析，以期为构建专业化、规范化和可推广的人才培训课程提供框架基础。

1. 对象及方法

（1）研究对象　本研究于2018年3~7月，对参加2018年江苏省红十字会养老照护志愿服务师资培训的社会志愿团队224人进行养老照护知识及培训需求的调查。所有调查对象均做到知情同意。样本量估算参考法公式法：

$$n=\frac{Z_{\alpha/2}^{2}\cdot P\cdot(1-P)}{\delta^{2}}$$

其中：n、δ、p，分别为样本含量、允许误差、总体率。

利用PASS 11.0软件进行计算，检验水准为0.95，双侧允许误差为0.1，基线比例为0.87，总体大小为未知，得到样本量需要为193人。本研究最终收集有效问卷207份，可以满足样本需求。

（2）调查工具

① 养老照护师资基本情况问卷　包括年龄、性别、职称、学历、职业等。

② 养老照护师资培训需求状况评估问卷　通过从组织团队、服务的老年人以及养老照护师资个人三个层面收集相关信息，并查阅相关文献，自行设计量表，包括关于老年人安全照护、清洁照护、用药照护、饮食照护、排泄照护等11个方面知识与技能需求的评分，每个条目分为非常需要、有点需要、不需要、非常不需要四个选项，在本研究中应用，问卷的Cronbach's α系数为0.924。

③ 养老照护知识知晓情况评估问卷　包括30项有关日常照护、急救知识等方面的试题，通过得分评估调查对象对养老照护知识的知晓情况，在本研究中，问卷的Cronbach's α系数为0.749。

（3）资料收集　调查通过第三方在线平台发布，被调查者通过电脑或手机点击发布的链接或扫描二维码进行在线问卷填写，对问卷进行防重复填写设置，同一IP地址只能填写一次。

（4）统计学方法　采用SPSS 24.0软件对资料进行分析，一般资料以及培训需求一般状况采用描述性统计频数分析，培训需求的四个类别形成采用聚类分析中系统聚类分析法，不同类间的测量方法采用组间连接法（between-groups linkage），距离测度方法采用欧氏平方根法（squared Euclidean distance）。

2. **主要结果**

（1）养老照护师资人员一般状况描述　养老照护师资人员以女性居多，年龄集中在30~50岁，学历以大学及以上为主，其中年龄在30~50岁占75.3%，女性占85.8%，学历大学及以上占84.5%。

（2）养老照护师资培训需求分析　首先对养老照护师资培训需求进行统计描述（表5.1）。而后为进一步确定养老照护师资的培训需求的分类，对培训需求进行层次聚类分析。聚类分析时，在导入数据后，对数据进行标准化处理，对变量进行层次聚类分析，得到聚类分析树状图（图5.1）。聚类分析采用欧氏平方根距离测定事物之间的差异性，距离越大，差异性越大，则相似性越小，横坐标表示不同分类对象的距离，纵轴为分类对象。从各分类变量的距离来看，老年安全照护知识培训需求与老年人饮食照护知识培训需求间距离最近，系数为106.52，老年人安全照护知识培训需求与老年人康乐活动知识培训需求距离最远，系数为241.42，距离近的老年人安全照护、饮食照护、冷热应用、睡眠照护、排泄照护、清洁照护、移乘照护等知识与技能的培训需求聚成一类；距离较远的老年人康乐活动、志愿服务相关知识与技能的需求聚成一类。结合老年人需求的层次和不同层次师资群体的接受能力，将老年人用药照护知识与技能的需求、老年人心理照护知识与技能各自成为一类，共分为四类（表5.2）。

表5.1　养老照护师资培训需求描述性统计分析（*n*=207）

需求项目	非常需要	有点需要	不需要	非常不需要
老年人安全照护知识与技能	190（91.8%）	16（7.7%）	1（0.5%）	—
老年人清洁照护知识与技能	185（89.4%）	22（10.6%）	—	—
老年人用药照护知识与技能	186（89.9%）	20（9.7%）	1（0.5%）	—
老年人饮食照护知识与技能	188（90.8%）	18（8.7%）	1（0.5%）	—
老年人排泄照护知识与技能	178（86.0%）	28（13.5%）	1（0.5%）	—

续　表

需求项目	非常需要	有点需要	不需要	非常不需要
老年人睡眠照护知识与技能	188（90.8%）	17（8.2%）	2（1.0%）	—
老年人移乘照护知识与技能	181（87.4%）	26（12.6%）	—	—
老年人心理照护知识与技能	196（94.7%）	11（5.3%）	—	—
老年人冷热应用知识与技能	187（90.3%）	19（9.2%）	1（0.5%）	—
老年人康乐活动知识与技能	193（93.2%）	13（6.3%）	1（0.5%）	—
老年人志愿服务知识与技能	196（94.7%）	9（4.3%）	1（0.5%）	1（0.5%）

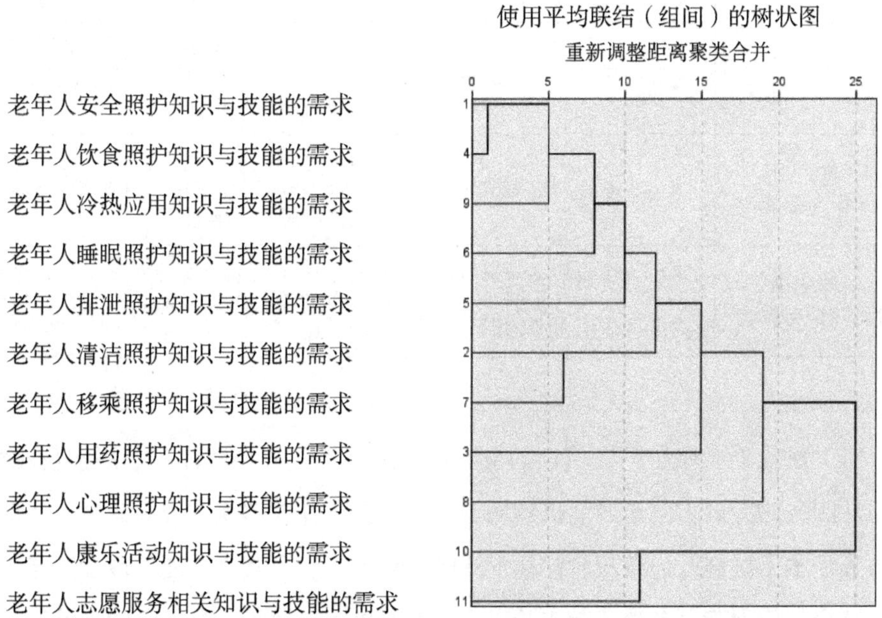

图 5.1　养老照护师资培训需求聚类分析树状图

表 5.2　养老照护师资培训需求聚类类别描述

知识需求类别	需求项目	特点
生活照护知识与技能	老年人安全照护知识与技能	满足老年人生理、安全等需要，使老年人尤其是失能老年人得到更好的生活支持
	老年人清洁照护知识与技能	
	老年人饮食照护知识与技能	
	老年人排泄照护知识与技能	
	老年人睡眠照护知识与技能	
	老年人移乘照护知识与技能	
	老年人冷热应用知识与技能	
医疗保健知识与技能	老年人用药照护知识与技能	满足老年人疾病管理、健康的需要，以使老年人及家属了解用药注意事项，自我监测、自我管理慢性病
心理护理知识与技能	老年人心理照护知识与技能	满足老年人爱、自尊以及自我实现的心理需要，以使老年人调节消极情绪、积极面对老年生活
精神文化活动知识与技能	老年人康乐活动知识与技能	满足老年人社会交往、归属、平等和尊重的需要，以增加老年人晚年生活的乐趣
	老年人志愿服务知识与技能	

3. **讨论**

（1）强化养老照护师资培训的重要性与迫切性　社会团体养老照护自愿性、公益性服务的开展不同于养老机构的护理员，其工作能够实现资源共享，降低社区服务成本，减轻政府负担[7]。基于社区老年人口，尤其是失能、慢性病老人增多，社会健康保障服务处于起步阶段[8]，专业化养老照护人员不足的现状，社区居家养老照护志愿服务活动的开展尤为重要。养老照护师资是养老照护志愿服务团队的核心，肩负着志愿服务开展与志愿者培训的双重重任。研究调查显示养老照护师资对于养老照护知识培训需求较大，94.7% 接受调查的养老照护师资对于老年人心理照护及志愿服务知识与技能非常需要，此外，90% 左右的养老照护师资也表现出对于老年人日常照料知识非常需要。养老照护师资培训的开展迫在眉睫，且通过培训的开展，希望志愿服务质量以及志愿活动满意度能得以提升[9]。

（2）满足社会志愿团体养老照护师资培训需求，丰富培训形式　依据表 5.2 聚类分析结果显示，养老照护师资对于养老服务知识的培训需求可归类为对老年人生活照护知识、医疗保健知识、心理护理知识和精神文化活动开展 4 大类。这与辛燕、肖树芹等研究结果相似，辛燕[10]等对于江苏省养老护理员培训需求进行调查，结果显示养老护理员培训需求主要集中在老年急救知识与安全照护等方面；肖树芹[11]对于社区老年志愿者的调查中显示，志愿者对于老年人日常照护、心理护理以及医疗保健服务知识和技能有较高的需求。同时，本研究中关注到养老照护师资也对志愿服务活动开展和丰富老年人精神文化生活等方面知识有较大需求。原因可能是，随着人民生活水平的提升，公众越来越关注老年人的心理以及精神文化需求，养老志愿服务活动不是仅局限于辅助老年人的生活照料，更要能丰富老年人的晚年生活，开展贴近老年生活、符合时代特色的文体活动。而养老照护师资处于社会志愿团队的核心地位，大都负责着志愿活动的策划、组织与开展，需要具有相关的知识储备以确保志愿活动的开展。此外，本调查显示养老照护师资学历为大学及以上的占 84.5%，面对学历较高的培训学员，培训形式应避免单纯灌输式授课，应增加情景模拟、小组讨论、角色扮演以及经验案例分享会等多元化培训形式，增加学员课堂的积极性与主动性。

（3）探索适合养老照护师资人员培养的培训模式　基于表 5.1 结果可以看出，养老照护师资的培训需求不仅局限于日常照护等方面，更对老年人疾病用药照护和心理护理的知识与技能等表现出较大需求。而与之相对应的，医养结合的专业化养老照护师资的培训模式，也是目前一种必然的趋势，随着老年人养老过程中健康问题的发生率增加，养老照护服务中医疗服务需求也会逐渐提高，医疗与养老需要有机地结合。而医养结合则是一种将老年人日常照料与医疗健康服务两种需求进行整合的服务形式，使老年人在养老过程中能接受到更便捷、优质和可承受的健康照护[12]。美国针对“医养结合社区”护理员提出了 STAR（staff training in assisted living residences program, STAR）培训体系[13]，将管理者与成员都纳入培训中，培训的内容通俗易懂，且加入了沟通交流能力、社会适应力的培养，注重老年人的心理护理及与老年人亲密关系的建立。对于养老照护师资，短时间的培训更要结合长时间的巩固，并在实际工作中磨砺与进步，同时可以借助网络自媒体平台，定期更新学习内容，组织开展培训班复训与考核，分享各地养老照护志愿服务活动的经验，同时加强政府与社区的监管[14]，相信通过各地红十字会养老照护队伍的建立，通过培训使养老照护志愿者素质获得提升，可以逐步解决我国养老照护人才短缺的状况，实现养老护理人才的可持续发展。

（4）重视养老照护志愿者服务志愿理念和奉献精神的培养与强化　本研究显示，养老照护师资队伍中以高学历、女性为主，她们大都为得到精神满足、促使社会良好风气的形成而参加志愿者活动。对于这样的公益志愿者，在培训上不能只是针对服务技能和知识的培训，更要重视服务精神的传承[15]，维护志愿者参与服务的动机与热情。同时，在政府有关部门的指导下，建立长效可行的管理以及激励机制，让志愿者在为社会奉献之际，自己也能有所收获。

只有建立长期有效的培训机制，开展满足养老照护师资培训需求，具有丰富培训形式，适宜人才培训模式，并且关注养老照护志愿者志愿奉献精神培养的培训班，才能打造出一支高水平、高质量的志愿服务队伍。

第二节　养老照护队伍能力建设方案开发

面对传统家庭养老功能的弱化与机构养老资源的匮乏，有社区支撑的居家养老服务模式开始逐渐走进大众视野，社区通过组织志愿团队、开展邻里互助行动以及招募部分社工等形式辅助居家养老服务活动的开展[16]。养老照护志愿者就是基于社区志愿团队招募的社会人员，参与社区养老照护服务之中，成为一种除政府主导以及市场运行之外的养老助老服务主体[17]。随着社会的不断进步，志愿服务正发挥着日益重要的作用。养老照护师资是志愿者团队的骨干，担任着志愿团队成员养老照护知识与技能培训的任务。以江苏省为例，江苏已全面进入老龄化社会[18]，医疗以及养老负担大大加重，而养老志愿服务的广泛开展能够凝集社会力量，普及养老照护知识，缓解养老照护人员紧缺的现状[19-20]。目前养老照护师资大都存在专业照护知识与技能、授课技巧缺乏等问题，且现有的研究中多关注于志愿服务的动机与形式[21]，尚未发现关于养老照护师资培训方案的研究。本章结合江苏省红十字会养老照护师资培训项目，对探索有效的养老照护培训课程进行了介绍，以期提升养老照护师资核心能力。

1. 红十字养老照护队伍能力建设方案开发

（1）红十字养老照护队伍能力建设方案开发的切入点

① 对接国家发展战略：《“健康中国 2030”规划纲要》中的重点包含“普及健康生活、优化健康服务”，本方案基于此目标，以养老照护师资培训为切入点，推广养老照护知识宣传，响应国家“积极应对人口老龄化”的政策，培育全民健康养老意识。

② 应对老龄化发展新趋势：在老龄化社会背景下，养老照护队伍有着极大需求和缺口，老年人数量增加且普遍健康不佳，家庭照料能力不足，健康服务需求较大。经过专业培训的志愿团队养老照护者参与到养老照护中，对于减轻老年照护的人力负担，满足老年人健康服务需求有着积极意义。

③ 弥补缺位、发挥全民参与性：我国的“医养结合”大多是解决养老机构的医养结合问题，专业化养老照护者大都集中在养老机构，这远远无法满足占全体老人总数 90% 以上的居家老年人的养老服务需求。本方案充分开发老年人非正式照顾资源，依托志愿服务队对于居家老年人进行养老照护知识的普及和开展志愿服务工作，让广大社区老年人都能享受优质养老服务，扩大知识普及的覆盖面，切实增强人民群众幸福感。

④ 整合社会资源、推动养老社会参与：社会志愿团队参与居家养老服务，既可以充分吸收政府的公共资源，也能够有效利用养老服务产业中的市场资源，可广泛调动社会各方面的力量。

2. 国内外研究分析

（1）国外研究分析　国外相关养老照护的研究中，美国通过完善社区功能，建立“安养－乐活－善终”的养老型社区为社区老年人提供助老服务[17]；德国在养老发展中最具特色的就是通过储蓄时间计划获得社区养老以及居家养老服务时间[18]；瑞典通过居家服务管理人员为老年人提供包括健康保健、预防照护等方面的服务；日本有医养结合型的老年照护者——介护士，使用专业的知识和技术，辅助身体或精神上有障碍者日常居家养老照护[19]。

政府资助下的民间组织、志愿者及其组织等非正式照护资源已经成为养老服务中的中坚力量，志愿者主要由大学生以及健康老年人组成，通过志愿者、邻里、社工等多方力量的参与，可以扩充老年人的社会资本。随着老年人对这部分非正式照顾资源的依赖越来越强，对其期待也不仅仅是局限于生活照料，而是迈向更加专业化的服务。对这部分人员，主要的培训方式有类似于美国STAR的模式[20]，通过从实践中发现问题然后当即讨论解决方案；有日本介护士模式，通过系统性地培训班提高从业人员专业水平。

（2）国内研究分析　目前，国内面临严峻的养老护理人员紧缺以及专业知识与技能缺乏等问题[21]。社区老年群体的需求日益增长。随着老年人养老过程中健康问题的发生率增加，养老照护服务中医疗服务需求也会逐渐提高，传统的“保姆型”护理员需要规范化培训，实现医疗与养老需要有机结合[22]。目前的研究多是针对已有的机构护理员的培训与调查，局限的人群较窄，解决的养老问题有限，老年人以及居民的健康意识仍较为薄弱[23]。社会志愿团队的养老志愿者是服务于更为广大的老年群体，是居家养老服务的重要组成成分。既往的研究发现通过“时间银行”“低龄老人参与”等方式完善志愿者激励政策以及扩充志愿者队伍。杭州一项研究表明，愿意尝试时间银行互助养老模式的低龄老年人占79.6%[24]。夏辛萍在对老年志愿者参与的活动内容进行研究时发现，志愿服务主要在文体活动、治安宣传等活动领域，而一些相对专业的服务项目如医疗卫生等则涉及较少[25]，志愿者活动的范围还没有得到充分拓展。但是目前国内的研究中较少涉及针对养老照护志愿者培训以及社区可利用的非正式照顾资源的专业化指导的教育方案。

3. **总体思路**

建立和发展养老照护志愿团队，提升养老照护志愿者专业素养。对养老照护志愿者进行分阶梯、多层次、嵌入式、线下与线上相结合的专业化培训，培训合格后，以养老照护师资队伍为主导，建立和（或）发展养老照护志愿团队，开展养老志愿服务活动，普及健康知识，提供养老照护服务，促进全民健康。

4. **养老照护队伍建设目标**

提升养老照护者专业素养、普及健康知识。分阶段、多层次、嵌入式对养老照护志愿者进行培训，第一阶梯受训者资源，旨在使其培训、资格认证后成为师资力量，继续开展培训并建立或发展志愿团队，作为核心骨干开展知识普及与健康服务系列活动；第二阶梯成员为主力军，提高其专业化水平与素养，促使其成为健康知识的传播者，健康服务的提供者；第三阶梯者为后备力量与储备资源，在能力范围内可以参与相关活动与知识普及，其自身同时也是直接获益者。

5. **养老照护队伍能力建设模式**

采用 ToT 模式即受训者也是培训人，是专门针对培训实施者开展的一种培训方法，采取团队培训的优势，激发学员的主动性，提高全体学员的向心力和凝聚力，形成强烈的团队意识，协同合作，保证组织的高效率运转，用较小的成本在较大程度以及较广的健康知识的普及上取得事半功倍的效果。

（1）第一阶梯教育设计

① 教育对象：具有医学背景与养老专业背景或从事相关工作的人员。

② 教育内容：专业性强，基于核心能力的模块化教学。

③ 教育形式：以线下培训为主，线上培训作为补充。

（2）第二阶梯教育设计

① 教育对象：社区老年人正式与非正式照顾资源，包括社区老年人的家庭照顾者、邻里以及其他社区志愿者、社工以及居（村）委会的工作人员。

② 教育内容：生动有趣、富含相关知识的动漫展图，如卡通式脑卒中及糖尿病科普等。

③ 教育形式：由第一阶梯养老照护师资进行线下培训或（和）线上培训。

（3）第三阶梯教育设计

① 教育对象：低龄老年人与即将迈入老年的中年人。

② 教育内容：生动有趣、富含相关知识的动漫展图。

③ 教育形式：由第一、二阶梯养老照护志愿者进行线下培训或（和）线上培训。

6. 养老照护队伍成员选拔条件

从具有医学背景与养老专业背景或从事相关工作的人员，如各市县、区医院在职护士、养老机构在职护理员、冠名红十字会在职护士、医学院校护理专业教师以及社区所在街道的已退休有精力的护士或其他群体中选拔推荐。

（1）热爱养老照护事业、自觉传播养老照护知识，志愿参加养老照护知识普及推广和服务等公益活动。

（2）年龄为 18~60 周岁，身体健康，具有完全民事行为能力。

（3）有一定照护基础，有时间参加养老服务工作。

（4）有社区志愿服务经历和较强的语言表达能力、动手能力、教学基础。

7. 养老照护队伍能力建设内容

（1）第一阶梯教育内容　基于养老照护师资核心能力的模块化教学，突出老年照护的实用性、适用性、安全性以及作为师资培训的教学性。由高等护理院校师资团队通过对养老机构管理者、护理员、社区老年人及家庭成员（照顾者）进行访谈及问卷调查基础上，经“头脑风暴法”界定养老照护师资核心能力以及培训模块，包括专业养老照护知识与技能的掌握与应用能力，情感支持与良好沟通的能力，良好的道德品质与志愿服务精神，培训授课与志愿者胜任力评估能力，管理能力，风险评估与应急协调能力。

（2）第二、三阶梯教育内容　在上述基础上进行简化，配合生动形象的图片、视频或是科普图。培训形式采用线上线下相结合的混合式培训模式。

8. 养老照护队伍成效管理

（1）养老照护师资资格评价　培训设有系列考核评价体系，主要包括理论考核、技能考核、试讲考核、课堂考评。这些考核均通过后，方可获得由主管部门颁发的养老照护师资资格证书。

（2）资格复审与人员复训　每年组织养老照护师资进行复训，对其授课资格进行再次的考核评定。

（3）后期活动　组建养老照护志愿服务队，开展养老照护知识普及。各地充分发挥养老照护师资作用，组织养老照护师资开展调研、备课、试讲等工作，并积极协调联系周边社区，协助养老照护师资面向老年人及其子女、社区工作人员、家政服务人员等开展集中授课，传播普及养老照护知识。

9. 建设方案开发的特征分析

（1）政府搭台、高等护理院校主导　既往养老服务人员培训机构多为各地的民政部门、养老机构以及高职院校等，存在专业师资与培训人员缺乏、设施与场地不足以及培训标准不统一等问题。而本方案中的培训由政府搭台，设在高等医学院校的护理学院，教学设备优良、师资专业水平高、教学方法多样且教学形式运用灵活，其承担养老服务人才培养的任务也促进其充分发挥社会服务功能。

（2）信息化技术与模块化教学的深度融合　本方案中的培训在培训形式上采用线上线下相结合的混合式培训模式；培训内容在基于能力本位的基础上，考虑到养老照护师资应具备的能力以及实际的老年照护需求，在对养老机构管理者、养老护理员、社区老年人及家庭成员访谈及问卷调查的基础上，对养老照护师资的专业能力的各能力要素进行鉴定分解后构建课程体系，将理论与实践有机结合，以培养贴合实际的应用型人才为目标，更具有系统性和可复制性。

（3）教育模式优化、受训者资源合理利用　本次教育优先对具有医学背景或具有相关从业背景的志愿者进行系统培训，这是由于他们大都学历较高，对于知识与技能能较快地掌握，且培训便捷而费用少，在其获得资格认证后可以回到各地区继续开展培训，更好地向老年人及其家属、志愿者和社区社会工作者推广养老照护知识，扩大培训覆盖面，该培训模式能够有效利用培训资源，节约培训成本。

（4）老年人非正式照顾资源的规范化开发　非正式支持资源（志愿者、邻里等）不仅可以给老年人带来日常帮助，还能提供情感支持，是老年人可以获得支持的重要社会资源。通过养老师资教育的开展，非正式照顾者的帮助内容变得更加规范化、专业化，使之成为老年人的依赖。

（5）顺应需求、为居家养老家庭提供专业化服务　通过养老照护师资培训，养老照护志愿服务的开展，使更多的居家养老家庭能够从中受益。志愿服务内容涉及生活照料服务、康复保健服务、文体娱乐服务、精神慰藉服务和安全援助服务，从而实现服务内容广、专业性高、受惠群众广的目标。

第三节　养老照护师资培训方案实施效果评价

专业化养老照护社会志愿团队的建设可以弥补我国养老照护主体缺位的现状，高素质的养老照护师资队伍的建设是养老照护社会志愿团队发展的核心[26]。养老照护师资是社会志愿团队参与养老服务的骨干，既是养老照护志愿者，为社区老年人提供居家养老照护，同时也担任着志愿团队成员养老照护知识与技能培训的任务，但目前养老照护师资大都存在专业护理知识及技能、授课技巧缺乏等问题[27]。虽然针对专业化志愿者的培训早已引起重视，但目前的培训方式大多以授课演讲式为主，志愿者作为培训的“被动接受方”，缺乏主观能动性，且培训多未考虑志愿者的知识结构、能力水平等[28]，志愿者自我发展的需求得不到满足，参与度低[29]。本节以江苏省红十字会养老照护师资培训学员为研究对象，对培训效果进行了评价分析，以期为养老照护培训评价的开展提供框架参考。

1. **对象及方法**

（1）研究对象 选取2018年4~6月参加2018年江苏省红十字会养老照护师资培训班的师资人员为本次研究的调查对象，共计227名江苏省各志愿服务团队的养老照护师资，均是目前从事一线的养老照护志愿服务工作，经由当地红十字会推荐学习。所有调查对象均做到知情同意。样本量估算参考公式法，

$$n_1 = n_2 = 2\left[\frac{(t_\alpha + t_\beta)^2 s}{\delta}\right]^2$$

利用PASS 11.0软件进行计算，检验效能为0.8，假设检验水准为0.05，依据培训前知晓情况调查计算样本均数约为18，标准差为4.5，得到样本量为需要202人，考虑到可能10%的样本缺失情况，共需要224例样本。

（2）培训方案 在基于养老照护师资培训需求的基础上，开展为期7天的系列培训课程，培训内容以满足老年人照护需求为导向，涵盖老年人饮食照护、安全照护、用药照护、排泄照护、清洁照护、冷热应用、移乘照护、睡眠照护、心理照护、康乐活动、衰弱评估、志愿服务和试讲训练等13个主题，每个主题都为采用理论与实践有机结合的模块化教学模式。每学时40分钟，共计62学时，其中理论课32学时，实践课30学时。形式包括课堂培训、分组模拟、案例讨论和参观学习等。

（3）调查方法 本研究采用问卷调查法，通过查阅有关培训研究的相关文献，完成问卷的拟定与修改，问卷包括四个方面的内容：

① 养老照护师资基本情况调查：包括年龄、性别、职称、学历、职业等基本资料。

② 养老照护师资培训满意度调查：包括关于培训整体设置、实操环节、理论授课等方面的满意度，共包括3个条目，每个条目分为非常满意、比较满意、比较不满意和非常不满意四个选项。Cronbach's α 系数为0.843。

③ 养老照护师资培训需求满足情况调查：包括养老照护师资对于日常照护、医疗保健、志愿服务等12个方面的知识需求满足状况，每个条目包括完全满足、

基本满足、基本未满足、完全未满足四个选项。在本研究中，Cronbach's α 系数为 0.962。

④ 养老照护知识知晓情况测量：包括 30 项有关日常照护、急救知识和老年人综合评估等方面的试题，通过得分评估调查对象对养老照护知识的知晓情况。在本研究中，Cronbach's α 系数为 0.595。最后通过开放式问题的设置收集学员对于本次培训的意见与建议。

（4）资料收集　本调查在培训前后均发放问卷 227 份，经筛选，剔除不合格问卷，如呈一致性问卷，培训前收集有效问卷 207 份，培训后收集有效问卷 224 份。问卷调查是通过第三方在线平台发布，被调查者通过电脑或手机点击发布的链接或扫描二维码进行在线问卷填写，对问卷进行防重复填写设置，同一 IP 地址只能填写一次。

（5）统计学方法　采用 SPSS 24.0 软件对资料进行分析，一般资料以及培训满意度调查的一般状况采用描述性统计频数分析，对于培训前后养老照护知识知晓情况比较采用成组 t 检验。

2. 主要结果

（1）培训前后养老照护知识知晓情况比较　由表 5.3 可知，经过此次培训，学员对于各方面养老照护知识的知晓情况得分相较于培训前均有提升（$P<0.001$），差异有统计学意义，培训使学员对相关养老照护知识有一定的掌握。

表 5.3　培训前后养老照护知识知晓情况比较

养老照护知识	培训前（M ± SD）	培训后（M ± SD）	t 值	P 值
急救与安全照护知识	2.02 ± 1.11	3.08 ± 0.96	−10.542	$P<0.001$
排泄照护知识	3.60 ± 1.57	4.81 ± 1.18	−8.92	$P<0.001$
冷热应用知识	2.80 ± 1.33	3.55 ± 1.07	−6.44	$P<0.001$
睡眠照护知识	3.12 ± 0.59	3.80 ± 0.47	−12.97	$P<0.001$

续　表

养老照护知识	培训前（M ± SD）	培训后（M ± SD）	t 值	P 值
清洁照护知识	4.07 ± 0.97	4.65 ± 0.60	−7.37	$P<0.001$
移乘转换照护知识	2.38 ± 0.96	4.20 ± 0.80	−21.05	$P<0.001$
养老照护知识总得分	17.99 ± 4.38	24.09 ± 2.90	−16.89	$P<0.001$

（2）养老照护师资培训需求满足状况分析　由表 5.4 可知，研究结果显示，80% 左右的养老照护师资表示各项养老照护知识与技能的培训需求得到完全满足，而对于老年人安全照护、心理照护、冷热应用、康乐活动、志愿服务和综合评估等方面的知识与技能显示有 0.4%~0.9% 的未满足率。

表 5.4　养老照护师资培训需求满足状况分析

养老照护知识	完全满足	基本满足	基本没满足	完全没满足
老年人安全照护知识	177（79.0%）	46（20.5%）	1（0.4%）	—
老年人清洁照护知识	181（80.8%）	43（19.2%）	—	—
老年人用药照护知识	176（78.6%）	48（21.4%）	—	—
老年人饮食照护知识	179（79.9%）	45（20.1%）	—	—
老年人排泄照护知识	181（80.8%）	43（19.2%）	—	—
老年人睡眠照护知识	184（82.1%）	40（17.9%）	—	—
老年人移乘照护知识	189（84.4%）	35（15.6%）	—	—
老年人心理照护知识	173（77.2%）	49（21.9%）	2（0.9%）	—
老年人冷热应用知识	189（84.4%）	34（15.2%）	1（0.4%）	—
老年人康乐活动知识	175（78.1%）	47（21.0%）	2（0.9%）	—
老年人志愿服务知识	173（77.2%）	50（22.3%）	1（0.4%）	—
老年人综合评估知识	167（74.6%）	56（25.0%）	1（0.4%）	—

（3）养老照护师资培训满意度情况调查　由表 5.5 可知，养老照护师资对于培训呈整体满意态度，94.2% 的养老照护师资对培训整体非常满意。

表 5.5　养老照护师资培训满意度情况调查

满意度	非常满意	比较满意	比较不满意	非常不满意
整体满意度	211（94.2%）	13（5.8%）	—	—
理论授课环节满意度	200（89.3%）	24（10.7%）	—	—
实操练习环节满意度	204（91.1%）	20（8.9%）	—	—

3. **讨论**

（1）以培训班形式提高养老照护师资核心能力的途径切实可行　本研究结果显示，培训后养老照护师资各项相关知识知晓情况的得分明显高于培训前，说明培训能提高养老照护师资的相关知识与服务水平，与周作霞等人[30]的研究结果一致。且养老照护师资的未满足需求状况得到明显改善，近 80% 的师资表明相关养老照护知识得到完全满足。因此，养老照护师资培训班这种短期培训方式是较为行之有效的，既可以提高养老照护师资的核心能力，也不会使学员脱离岗位太久，造成人力资源紧张。从培训前养老照护师资相关知识知晓情况可以看出，其对于养老服务过程中一些需要注意的重点还未能掌握，专业服务能力有待提高，培训班的开展有其必要性。

（2）依托高等院校护理学院开展的养老照护师资培训具有可借鉴性　本次培训获得较好的反响，调查显示，其理论授课环节获得 89.3% 的满意度，实操授课环节获得 91.1% 的满意度，94.2% 的学员表示对整体安排非常满意。既往养老服务人员培训机构多为各地的民政部门、养老机构以及高职院校等，存在专业师资与培训人员缺乏、设施与场地不足以及培训标准不统一等问题[31]。而本次培训设在高等医学院校的护理学院，教学设备优良、师资专业水平高、教学方法多样且教学形式运用灵活，其承担养老服务人才培养的任务也促进其充分发挥社会服务功能。本次培训基于养老志愿服务实际需求，共分为 13 个模块，涉及生活照护、医疗保健照护、心理照护和志愿服务等方面内容。国内机构养老护理员的培训多是基于培训需求和资质等级的分级培训，依据养老护理员的学历、文化程度和专业水平等进行分级，根据每一级成员不同的特点制定教学计划进行培训[32]；美国辅助居所员工培训模式 STAR[20] 其有在实际工作场所培训的环节，根据实际中遇到的具体问题对学习的内容进行灵活的更改；与其他培训模式相比，本次培训的模块化教学模式[11]虽也是从实际的老年照护需求出发，但是先对养老照护师资的专业能力的各能力要素进行鉴定分解后构建课程体系，基于能力本位的基础上，将理论与实践有机结合，旨在培养贴合实际的应用型人才，更具有系统性和可复制性。目前，培训由于受到经费与脱岗时间制约[34]，只有少数养老志愿者能接受到专业化培训，而本次培训优先对养老照护师资进行系统培训，由于志愿者大都学历较高，对于知识与技能能较快地掌握，且培训便捷而费用少，在其获得资格认证后可以回到各地区继续开展培训，更好地向老年人及其家属、志愿者和社区社会工作者推广养老照护知识，扩大培训覆盖面。非正式支持资源（志愿者、邻里等）不仅可以给老年人带来日常帮助，还能提供情感支持，随着大众对于这部分支持越来越多的依赖，非正式照护者也迫切需要得到专业培训，以期满足更多老年人的需求。

（3）亟须制定养老照护师资核心能力评价标准　目前我国还没有统一的社会志愿团队养老照护师资核心能力评价准则，借鉴养老护理员核心能力评价标准[35-36]，首先对养老照护志愿者进行核心能力鉴定，除了在对于其疾病的管理能力以及解决问题能力等专业性上的要求外，还需强化的是志愿活动中对服务对象情感的支持、健康教育能力以及个人道德素养的提升和动机的维持。养老照护师资不仅作为养老照护志愿服务者，更是志愿团队的培训教师，在拥有相关专业能力的基础上，还应该具备培训授课能力与志愿者胜任力评估能力。本研究中参考相关文献和专家意见，对养老照护师资核心能力进行界定：① 专业养老照护知识与技能的掌握与应用能力；② 良好的道德品质与志愿服务精神；③ 情感支持与良好沟通的能力；④ 健康教育与宣讲的能力；⑤ 培训授课与志愿者胜任力评估能力；⑥ 风险评估与应急协调能力；⑦ 团队合作能力。在此基础上，还需要进一步对养老照护师资在其工作场所检验其实际工作能力，并进行阶段性评估与考核。

规范化、专业化的社会志愿团队养老照护师资的培训是操作性较强、符合养老服务需求的教育方法，其实施已经初见成效，其远期培训效果有待于在志愿服务开展过程中检验。但养老照护师资培训仍有可改进之处，如在培训内容上，可增设人文沟通与安宁疗护相关内容；在培训形式上，可增设专业性养老服务机构体验式教学。相信通过各地红十字会养老照护队伍的建立以及养老照护志愿者培训的开展，可以逐步解决我国养老照护人才短缺的状况，实现养老护理人才的可持续发展。

参考文献：

［1］曹清 . 江苏省 2016 年老年人口信息和老龄事业发展状况报告［EB/OL］.（2017-11-08）［2019-06-21］.http://www.cncaprc.gov.cn/contents/2/184703.html.

［2］黄竹岩 . 江苏养老护理员至少缺口 6 万　多数人员缺乏技能［EB/OL］.（2017-08-21）［2019-06-21］.http://js.people.com.cn/n2/2017/0821/c360302-30631028.html.

［3］曹清 . 全国老龄办与中国红十字会总会、民政部联合发文助推养老服务工作［EB/OL］.（2017-01-11）［2019-06-21］. http://www.cncaprc.gov.cn/contents/ 2/178592.html，2017-01-11

［4］林小慧，冯泽永，刘佳，等 . 健康促进志愿者在社区卫生服务工作中的实施探讨［J］. 中国全科医学，2012，15（28）：3220-3222.

［5］张韬 . 健康老龄化背景下医养结合服务模式探析：以中国红十字会医养护“三位一体”实践为例［J］. 中国特色社会主义研究，2017（2）：93-97.

［6］李青荷，韦秀霞，蒋洪霞，等 . 盐都区红十字会养老照护志愿者团队在养老照护中的效果分析［J］. 江苏卫生事业管理，2018，29（1）：77-79.

［7］张念英，魏秀红，黄晶，等 . 居家老年人护理需求调查研究［J］. 护理学杂志，2014，29（3）：22-23.

［8］史媛 . 社区教育志愿者培训现状与策略［J］. 教育现代化，2017，4（26）：171-

173.

［9］郭杰 . 社会目标模式小组工作在老年志愿者培训中的运用研究［D］. 昆明：云南大学，2015.

［10］辛燕，刘月仙，张慧，等 . 江苏省部分养老机构中养老护理员的培训现状分析［J］. 护理研究，2017，31（31）：3992-3994.

［11］肖树芹 . 社区老年志愿者居家养老照护知识和技能的了解与需求研究［J］. 护理管理杂志，2017，17（11）：766-768，786.

［12］王希晨，吕欣桐，周令，等 . 医养结合视角下养老护理员培训相关研究进展［J］. 中国护理管理，2016，16（10）：1380-1384.

［13］da Silva S L, Reis R C, Laks J, et al. Effects of the Staff Training for Assisted Living Residences protocol for caregivers of older adults with dementia: A pilot study in the Brazilian population［J］. Geriatrics & Gerontology International, 2017（17）: 449-55.

［14］郑翠红，陈楚，李华萍，等 . 福建省 74 家公办养老机构照护人员职业状况调查与分析［J］. 中国护理管理，2016，16（12）：1661-1665.

［15］张祖冲 . 志愿精神中志愿者责任意识的培育研究［D］. 上海：上海大学，2016.

［16］曹清 . 江苏省 2017 年老年人口信息和老龄事业发展状况报告［EB/OL］.（2018-10-16）［2019-06-21］. http://www.cncaprc.gov.cn/contents/2/187763.html.

［17］李思思 . 中美养老服务研究热点的可视化数据挖掘分析［D］. 太原：山西医科大学，2018.

［18］宋群，焦学利 . 德国养老护理服务业的发展经验对我国的借鉴［J］. 中国社会工作，2017（32）：48-51.

［19］李扶昆 . 日本介护人才培养机制及其与我国养老护理职业资格的匹配［J］. 卫生职业教育，2018，36（11）：81-83.

［20］Goyder J, Orrell M, Wenborn J, et al. Staff training using STAR: a pilot study in UK care homes［J］. International Psychogeriatrics, 2012（24）: 911-920.

［21］刘秀楠，傅端香 . 社会化养老照护人才培养的困境与对策［J］. 改革与开放，

2017（11）：54-55，62.

［22］李红武．养老服务专业人才培养的现状及对策分析［J］．老龄科学研究，2014，2（7）：53-60.

［23］邱恒，吴德钦，张远妮，等．国内外养老护理人员培训课程体系的研究进展［J］．护理学报，2016，23（4）：37-40.

［24］曹梅娟，王亚婷．低龄老年人参与“时间银行”互助养老模式的意愿调查［J］．护理研究，2018，32（14）：2249-2252.

［25］夏辛萍．积极老龄化视野下老年志愿者活动问题［J］．中国老年学杂志，2015，35（10）：2862-2864.

［26］刘晋飞．培育老年社区志愿者的实践困境与应对之策：以东莞市D社区为例［J］．东莞理工学院学报，2018，25（4）：1-5.

［27］巨东红，康凯．志愿者参与社区志愿服务的动机及行为分析［J］．山西农业大学学报（社会科学版），2016，15（3）：215-219.

［28］陈爱文，张静秋，许文啸．社区教育志愿者队伍建设的问题及对策研究［J］．扬州教育学院学报，2018，36（3）：46-48.

［29］冀会会．城市社区志愿者培训机制研究［D］．济南：山东大学，2018.

［30］周作霞，魏秀丽，陈敏．连云港市养老护理员现状调查及培训对策的研究［J］．护士进修杂志，2016，31（7）：590-592.

［31］孙雯．银色浪潮下校企共建社区居家养老护理员培训基地的构想［J］．现代医药卫生，2014，30（7）：1078-1080.

［32］张丽君，许虹．国内外养老护理人员培训现状及培训策略研究［J］．护理研究，2018，32（15）：2340-2343.

［33］石金武．中级养老护理员培训的课程结构与教学模式的设计与研究［J］．知识经济，2013（19）：138.

［34］曹蕾，袁葵，邢娟，等．校企合作培养养老护理员职业素质［J］．护理学杂志，2015，30（2）：78-81.

［35］陈英杰，陈凌玉，陈伶俐，等. 浙江省养老机构对养老护理员知识及核心能力需求的调查［J］. 护理学杂志，2015，30（9）：96-98.

［36］刁文华. 养老护理员培训标准的构建［D］. 杭州：杭州师范大学，2016.

第六章　社会志愿团体参与养老照护的量性评价研究

第一节　社会志愿团体参与养老照护 VIVA 评价的可行性研究

根据国家统计局发布的人口数据，我国已处于严重的老龄化社会[1]，而目前我国养老护理人员严重缺失，对于养老照护有着极大的需求[2]。习近平总书记在中国共产党第十九次全国代表大会上的报告中指出，要“积极应对人口老龄化，构建养老、孝老、敬老政策体系和社会环境，推进医养结合，加快老龄事业和产业发展”。其中的医养结合模式包括三方面内容——医疗服务、养老服务及社会支持，尤其目前倡导的社区医养结合模式[3]，这表明了社会力量在养老照护中的重要角色。针对志愿者“志愿投资”的价值意义，在我国并没有系统量性评价的研究，如何将志愿者的价值意义体现出来，这是一个有待解决的问题。本节结合国外使用的志愿者投资和价值评价的方法对志愿者价值进行量性评估的可行性探索。

1. VIVA 方法说明

VIVA 即为志愿者投资和价值评价（volunteer investment and value audit, VIVA），是一种评估在志愿者身上花费的总金额与志愿者工作所体现出来的总价值两者之间的关系。VIVA 比率的计算公式为：

VIVA= 志愿者总价值 / 志愿者总投入

其中总价值主要是根据志愿者在志愿活动中所投入的总时长，以及与该类志愿者工作内容相匹配的全职员工进行等价性换算，主要以该类全职员工若工作相同的时间，需要支付多少钱才能完成志愿者相同的工作为换算标准。同时 VIVA 也会产生以下结果：在志愿者身上的总投入、志愿者投入的总时长、累计服务总人次、每位志愿者的人均小时数、价值和支出以及需要额外匹配全职员工完成志愿者目前工作的人数[4]。

2. VIVA 评价的可行性分析

以下是利用 VIVA 对南京医科大学护理学院南丁格尔养老照护志愿服务队在其进行的养老志愿活动中所创造的价值进行评估。

（1）VIVA 评估

① 基本资料：志愿活动开展时间范围为 2018 年 3~7 月共计 5 个月，志愿者人数共 78 人，在活动中志愿者总投入为 12 072.44 元，志愿者服务总时长为 2 341 小时，志愿总服务人次为 5 861 人次。志愿者投入及占比见表 6.1，志愿者服务时长及服务人次见表 6.2。

表 6.1　志愿者投入及占比

类别	花费（元）	构成比
住宿用餐补贴	3 091.10	25.6%
交通补贴	5 107.84	42.3%
活动用物（纪念品、宣传海报等）	3 873.50	32.1%
总计	12 072.44	100%

表 6.2　志愿者服务时长及服务人次

类别	时长（小时）	服务人次
敬老院（日常活动）	649	1 625
社区（日常活动）	702	1 510
专项活动	990	2 726
总计	2 341	5 861

② 志愿者服务总时长与全职员工工作时长的等价性换算　在志愿者服务总时长与全职员工工作时长的等价性换算中，此处全职员工将采用与养老照护志愿者工作内容大致相似的相关养老护理机构的养老护理人员进行等价性换算，工作时间以法定工作时长为标准，每周 40 小时，按 5 个月共 20 周为基准。即算得：

全职员工工作时长等价性 =（志愿者服务时长 / 每周 40 小时工作时长）/ 20 周

=（2 341 / 40）/ 20 ≈ 3（位全职员工）

③ 南京市护理养老相关机构养老护理人员月均收入及志愿者价值　潘芳[5]对江苏省南京市 11 个区的 36 家养老机构 254 名养老护理人员进行了调查，36 家养老机构中，涉及养老护理机构有：政府公办大型养老院，社区福利性养老护理机构，规模不大且营利性并不是很强的民营养老护理机构。在调查后发现，月收入 1 500 元以下 47 人，1 500~3 000 元 151 人，3 001~4 500 元 42 人，4 500 元以上 14 人。其次，本研究通过某生活分类信息网站了解到南京市 14 所养老护理相关机构该类职业的月收入及其他补助情况，经分析月平均收入在 3 186~4 721 元，也基本都有包吃包住等他补助。具体月收入及补助情况见表 6.3。

表 6.3　某生活分类信息网站南京市养老护理人员月收入及其他补助情况

养老机构	月收入（元）	其他补助
悦华养老服务有限公司	3 000~5 000	包吃、包住
江宁云华养老院	3 800~4 000	包吃、包住、交通补助
江苏丰华养老管理有限公司	3 000~4 500	五险一金、包吃、包住
溧水夕阳红老年公寓	4 000~5 500	五险一金、包吃、包住
东方颐年	3 500~3 800	包吃、包住
秦淮欢乐时光老年护理院	3 000~5 000	包吃、包住
尽孝道投资发展有限公司	3 000~5 000	包吃、包住
泰乐城医疗投资股份有限公司	3 000~5 000	包吃、包住
民康老年服务中心	3 000~6 000	五险一金、包吃、包住、饭补

续　表

养老机构	月收入（元）	其他补助
悦心养老产业有限公司	3 500~4 500	饭补
江宁沐春园护理院	3 300~4 300	五险一金、饭补、包住
乾中护理院	3 500~5 500	包吃、包住
南山园护理院	3 000~5 000	包吃、包住
爱馨护理院	2 000~3 000	包吃、包住
平均月收入区间	3 186~4 721	

综合考虑潘芳调查中养老护理人员的月收入分布及其学历、经验相关因素给收入带来的影响以及某生活分类信息网站上所显示 14 家养老相关机构中该类职业月均收入及其他补助情况（如五险一金、包吃包住、交通补助等），将一位全职养老护理人员的月均收入估算为 3 750 元，其他收益（如保险、补助、包吃住等）估算为 950 元 / 月，则一位该类全职员工的总月均收益估算为 4 700 元，则志愿者总价值 =3 × 4 700 × 5=70 500 元。具体见表 6.4。

表 6.4　志愿者价值分析

等价全职员工人数	月均收入（元）	月均其他收益（元）	工作月数（月）	总支出（元）
3	3 750	950	5	70 500

④ 志愿者人均成本和贡献：志愿者平均花费 = 志愿者总投入 / 志愿者总人数 =12 072.4 元 / 78 人≈ 154.8 元 / 人；志愿者平均价值 = 志愿者总价值 / 志愿者总人数 =7 050 元 / 78 人≈ 903.8 元 / 人；志愿者的平均服务时长 = 志愿者服务总时长 / 志愿者总人数 =2 341 小时 / 78 人≈ 30 小时 / 人。由此可见，投资在志愿者身上的人均成本为 154.8 元，他们就可以体现出 903.8 元的人均价值，人均的服务时长可达 30 小时。

⑤ VIVA 计算比率：VIVA 比率 = 志愿者总价值 / 志愿者总投入 =70 500 元 / 12 072.44 元≈ 6：1。此项目为志愿者投入 12 072.44 元，同时，获得了 70 500 元

的志愿者价值回报，由此计算 VIVA 比率，所得结果则意味着为志愿者每投入 1 元，志愿者通过志愿服务就能体现出 6 元的价值，在一定程度上节省了人力资源成本。

3. **讨论**

（1）VIVA 应用于养老照护的优势分析　VIVA 评估可以显示支持志愿服务基础设施的成本资源，量化志愿者的成本和工作价值的数据，从而评估志愿者工作的成本效益并进行成本效益分析，展示在志愿者身上投资的价值以及整个组织和志愿部门工作的经济意义，并为志愿者预算分配资金，使志愿者项目更高效、更有效、更有回报，从而提高招募和留用人员，还可以根据投资和价值之间的比率，以及可能的不同群体志愿者的不同比率，规划志愿者项目的未来发展[6]。本研究结果显示将 VIVA 应用于养老照护的评价是可行的，其结果也显示了养老照护志愿服务能产生高于投入的价值输出。

（2）VIVA 的局限性　在 VIVA 换算过程中，该类全职员工所获得的社会收入是否与他们本身的劳动投入是对等的，若不是对等，换算给志愿者的价值就相应也不会对等，这也是换算过程中值得商榷的一个方面。其次，用金钱和时间来衡量志愿服务的价值可能并不全面，这种将志愿服务缩短为工作时间而不是贡献的方法，一方面忽略了志愿者在志愿活动中的自己本身所获得的提升，另一方面也未涉及志愿者所创造的对于社会的精神价值意义。

第二节　不同类型社会志愿团体参与养老照护 VIVA 评价的比较研究

老龄化问题已成为全国各省市经济社会发展持续关注的议题[1]。对于养老照护进行量化评价是提升社会志愿服务团体工作效率的重要基础，既往有关志愿服务评价的文献均提及了志愿服务科学评价的重要性[7-9]。本节是在上一节对于 VIVA 评价可行性研究的基础上，针对不同类型社会志愿团体参与养老照护进行了志愿者投入和价值评价，并对影响 VIVA 的关键要素进行了探讨。

1. **对象与方法**

（1）研究对象　当前参与养老照护的社会志愿团体主要包括以医院医务人员为主体、以高等医学院校学生为主体、以社会志愿者为主体的三种主要类型。在本次分析中，以医院医务人员为主体的团体以某县级医院 100 例医务人员的团体为例（以下称为 A 社会志愿团体），以高等医学院校学生为主体的团体以某医学本科院校 78 例学生的团体为例（以下称为 B 社会志愿团体），以社会志愿者为主体的团体以 100 例社会志愿者的团体为例（以下称为 C 社会志愿团体）。A 社会志愿团体志愿者人数共 100 人，参与志愿服务共 480 人次；B 社会志愿团体志愿者人数共 78 人，参与志愿服务共 589 人次；C 社会志愿团体志愿者人数共 100 人，参与志愿服务共 315 人次。A、B、C 社会志愿团体骨干成员均接受过省级养老照护师资培训，其培训是一种培训师资培训（ToT），各团体成员均接受了 ToT 的专门培训。

（2）研究方法　利用 VIVA 评价方法进行志愿者价值量化分析 VIVA 评价旨在评估在志愿者身上花费的总金额与志愿者工作所体现出来的总价值两者之间的关系 [5]。

VIVA 比率 = 志愿者总价值 / 志愿者总投入

其中总价值主要是根据志愿者在志愿活动中所投入的总时长，将之与该类志愿者工作内容相匹配的全职从业者的工作时长进行等价性换算，主要以该类全职从业者若工作相同的时间，需要投入多少金额才能完成志愿者相同的工作为换算标准。同时 VIVA 也会产生以下结果：在志愿者身上的总投入、志愿者投入的总时长、累计服务总人次、志愿者的人均服务时长、人均价值和人均支出以及需要额外多少位全职从业者才能完成志愿者目前工作的人数 [6]。

（3）资料收集　根据 VIVA 比率计算所需数据拟定统一的数据汇总表。A 和 C 社会志愿团体的相关资料由社会志愿团体管理者提供，B 社会志愿团体数据通过大学生成长服务平台（Pocket University）获取。资料收集时间为 2018 年 9

月至10月。

（4）统计学分析　利用Excel软件进行总投入、服务总时长、总价值以及人均投入、人均价值等数据的录入及处理分析，利用SPSS 24.0对三类社会志愿团队总投入类别差异进行χ^2检验。

2. 主要结果

（1）各类型志愿团体志愿者投入比较　本研究所涉及的统计时间范围为2018年1月至8月，志愿者投入主要为住宿用餐补贴、志愿者培训、交通补贴、活动用物等支出。A社会志愿团体活动经费主要来源于当地政府资助和自费，志愿者总投入为12 000元，其中构成比最高为活动用物费用，其次为志愿者培训支出；B社会志愿团体经费主要来源于中国红十字会总会志愿服务项目发展计划资助和江苏省红十字会“博爱家园”建设项目资助，志愿者总投入为12 392.4元，其中构成比最高为交通补贴，其次为活动用物支出；C社会志愿团体活动经费主要来源于红十字会活动报销以及爱心人士赞助，志愿者总投入为4 330元，其中构成比最高为住宿用餐补贴，其次为志愿者培训支出。三类社会志愿团体相比较而言，住宿用餐补贴、志愿者培训支出，C社会志愿团体投入比例相对较多；交通补贴支出，B社会志愿团体投入比例相对较多；活动用物支出，A社会志愿团体投入比例相对较多，其投入类别差异具有统计学意义，见表6.5。

（2）各类型志愿团体志愿者服务时长及服务人次　A社会志愿团体志愿者服务总时长为1 488小时，服务总人次为2 200人次；B社会志愿团体志愿者服务总时长为2 341小时，服务总人次为5 861人次；C社会志愿团体志愿者服务总时长为1 644小时，服务总人次为2 060人次，见表6.6。

表 6.5 各类社会志愿团体志愿者投入统计（元）

类别	投入及其构成比（%）			χ^2/p
	A 社会志愿团体	B 社会志愿团体	C 社会志愿团体	
住宿用餐补贴	600（5.0%）	3 091.1（24.9%）	2 880（66.5%）	13 129.135/0.000
志愿者培训	1 800（15.0%）	320.0（2.5%）	1 000（23.1%）	
交通补贴	1 600（13.3%）	5 107.8（41.2%）	0（0.0%）	
活动用物（如宣传单、海报等）	8 000（66.7%）	3 873.5（31.3%）	450（10.4%）	
总计	12 000	12 392.4	4 330	

表 6.6 各类社会志愿团体志愿者服务时长及服务人次

类别	社会志愿团体类别		
	A 社会志愿团体	B 社会志愿团体	C 社会志愿团体
服务总时长（小时）	1 488	2 341	1 644
服务总人次	2 200	5 861	2 060

（3）志愿者服务总时长与全职从业者工作时长的等价性换算 在志愿者服务总时长与全职从业者工作时长的等价性换算中，此处全职从业者将采用与养老照护志愿者工作内容大致相似的养老机构的照护人员进行等价性换算，工作时间以法定工作时长为标准，每周 40 小时，按 8 个月共 32 周为基准。公式为：

全职从业者工作时长等价性 =（志愿者服务时长 / 每周 40 小时工作时长）/32 周

即算得 A 社会志愿团体志愿服务投入时长约等价为 1 位全职从业者；B 社会志愿团体志愿服务投入时长约等价为 2 位全职从业者；C 社会志愿团体志愿服务投入时长约等价为 1 位全职从业者。

（4）各类型志愿团体志愿者总价值比较分析 参考国内某生活分类信息网站中养老护理相关机构该类职业的月收入及五险一金、包吃包住、交通补助等补助情况[10-12]，并综合考虑养老照护从业者学历、经验相关因素给收入带来的影响[13]，经讨论将 A、B、C 社会志愿团体所在地区的一位全职养老照护从业者月均收入分别估算为 3 128 元、3 750 元、3 556 元，其他收益（含保险、补助、包吃住等）分别估算为 726 元 / 月、950 元 / 月、500 元 / 月，即一位该类全职从业者的总月均收益分别估算为 3 854 元、4 700 元、4 056 元。

志愿者总价值 = 等价全职从业者人数 × 当地总月均收益 × 工作月数

得到志愿者总价值分别为 30 832 元、75 200 元、32 448 元，见表 6.7。

表 6.7 各类社会志愿团体志愿者总价值分析

	社会志愿团体类别		
	A 社会志愿团体	B 社会志愿团体	C 社会志愿团体
等价全职从业者人数（位）	1	2	1
当地总月均收益（元 / 月）	3 854	4 700	4 056
工作月数（月）	8	8	8
总价值（元）	30 832	75 200	32 448

（5）各类型志愿团体志愿者人均成本和贡献分析　根据以上数据，可得 A、B、C 社会志愿团体志愿者平均花费分别为 120.0 元、158.9 元、43.3 元，志愿者平均价值分别为 308.3 元、964.1 元、324.5 元，志愿者的平均服务时长分别为 14.9 小时、30 小时、16.4 小时。根据公式 VIVA 比率 = 志愿者总价值 / 志愿者总投入可得 VIVA 比率分别为 3∶1、6∶1、8∶1，见表 6.8。

3. 讨论

（1）不同类型社会志愿团体参与养老照护的 VIVA 评价比较　本研究对三类社会志愿团体（以医院医务人员为主体、以高等医学院校学生为主体、以社会志愿者为主体）参与养老照护的 VIVA 进行了评价，其结果显示 VIVA 比率分别为 3∶1、6∶1、8∶1，这意味着为志愿者每投入 1 元，三类社会志愿团体的志愿者通过志愿服务能体现的价值分别为 3 元、6 元、8 元，即不同类型社会志愿团体参与养老照护在经济层面上均体现出了高于投入的价值输出，这也间接表明了对

表 6.8　各类社会志愿团体志愿者人均成本和贡献分析

	社会志愿团体类别		
	A 社会志愿团体	B 社会志愿团体	C 社会志愿团体
志愿者人数（人）	100	78	100
志愿者平均花费（元）	120.0	158.9	43.3
志愿者平均价值（元）	308.3	964.1	324.5
志愿者平均服务时长（小时）	14.9	30.0	16.4
VIVA 比率	3:1	6:1	8:1

社会志愿团体开展养老照护专门培训是补充养老照护队伍缺口的重要路径。略出乎意料的是，在本研究所分析的三种类型社会志愿团体中，VIVA 比率最高的是以社会志愿者为主体的 C 团体，并非以医院医务人员为主体的 A 团体，这也表明了虽然医务人员为主体的团体开展养老照护具有自身医疗专业的优势，但其投入与价值评价并非简单地由养老照护团体的人员职业组成决定，对于 VIVA 评价的关键要素还有待分析。

（2）不同类型社会志愿团体参与养老照护 VIVA 评价的关键要素分析　由 VIVA 比率公式可看出志愿者总投入和志愿者总价值决定着 VIVA 比率大小。在总投入方面，虽然较少的志愿者投入可较好地提升志愿者价值，但对于志愿者、志愿服务的基本保障仍须得到保证，如志愿活动风险评估投资、项目培训投资、志愿者保障投资等都是志愿服务可持续进行、提高志愿服务质量的基本保证，也是提高志愿者或志愿服务价值质量的基础 [14]。在此前提下，VIVA 评价的关键要素就集中在与志愿者总价值密切相关的志愿服务总时长、当地全职从业收益水平。对志愿服务总时长而言，完善的活动规划是志愿服务时长的重要保证。本文所分析的三类社会志愿团体大部分经费均来源于主管部门的项目化投入，各团队为达到项目化活动目标，每年度初都会制定较为完善的工作计划，确定活动目标的基础标准，因此志愿者时长投入方面有一定的基础保证。项目化活动对于志愿服务组织来说，既为志愿组织活动提供了资金保障，又能够监督、激励志愿组织进行志愿服务[15]，从而为有效地实现志愿者价值提供了基础和前提。对当地全职从业收益水平而言，本研究所选取的三类社会志愿团体来自三个不同地区，其总月均收益必定有其差异，但各地总月均收益的差异与每增加一名等价换算过来的全职从业者所体现出的收益差异相比，后者将大大提高社会志愿团体的总价值。因此，在各地收益水平的差值低于收益水平基数情境下，社会志愿团体投入志愿服务的时长对志愿者总价值可能更加重要，这也从侧面体现了社会志愿团体对社会付出的多少是其真正价值的存在意义。

综合以上分析可以看出，不同类型社会志愿团体参与养老照护均体现出了高于投入的价值输出，这在经济层面上表明了对社会志愿团体开展养老照护专门培训对补充养老照护队伍缺口的重要意义；而志愿服务总时长是社会志愿团体参与养老照护 VIVA 评价的关键要素，则提示社会志愿团体可从工作计划制定与执行等角度优化提升志愿者价值。需要注意的是，在 VIVA 评价中，仅利用金钱和时间来衡量志愿者价值的方法忽略了志愿者在志愿活动中自己本身所获得的价值，以及志愿者所创造的贡献对社会的价值意义和价值的质量[16]。如在本研究中虽然 A 类社会志愿团体 VIVA 比率不是最高，但由于其人员组成为医院医务人员，其养老照护的质量可能更加专业，而这在 VIVA 评价中无法体现。再者，VIVA 评价实质是一种组织的自我评价，如何利用第三方机构进行志愿服务评价，从而实现通过维护评价活动的权威而促进志愿服务发展的目的，是今后老年照护志愿服务评价亟须关注的问题。

第三节　社会志愿团体参与养老照护的SROI评价研究

对于养老照护志愿服务进行量化评价是提升社会志愿服务团体工作效率的重要基础，既往有关志愿服务评价的文献均提及了志愿服务科学评价的重要性 [7-9]，在上两节中介绍了养老照护的志愿者投入和价值评价（VIVA）相关分析。但VIVA评价仅是对志愿者价值的评估，难以体现志愿服务项目的整体经济及社会价值水平 [6]。本节尝试利用社会投资回报（social return on investment, SROI）对养老照护进行评价，以期为社会志愿团体参与养老照护的整体经济及社会价值量性评价提供参考。

1. **对象与方法**

（1）研究对象　研究对象为某医学院校养老照护志愿服务项目，此项目为中国红十字会总会志愿服务项目发展计划项目、江苏省红十字会“博爱家园”建设项目，参与养老照护的活动主要包括老年人院、护理院等养老机构照护，居家养老服务中心的社区照护等定期养老照护活动，以及一项“健康扶贫青春行实践”专项活动。其团队成员78人，其中男性14人、女性64人，均接受过江苏省红十字养老照护师资培训或项目组内养老照护志愿服务培训。

（2）研究方法　本研究采用SROI评价对该项目进行整体分析。SROI评价强调基于利益相关方原则，将社会、环境、经济成本和收益进行整合，通过建立量化指标体系综合评估项目绩效，以“货币化”的形式展现项目成果价值 [17]。SROI评价分为评估型和预测型两类，本研究采用评估型对该项目进行量性评估。

（3）资料收集　本研究选定的评估项目时间范围为2018年1月至8月，时长8个月。利益相关方志愿服务组织1个，志愿者人数共78名，利用大学生成长服务平台（Pocket University）统计本社会志愿团体中志愿者服务时长参数为2 341小时，该评估项目的成本投入共84 310元；接受服务的老年人约156名，接受服务的养老机构、社区共4个。利益相关方在该项目中所获得的成果主要以访谈形式获得，本研究对以上部分利益相关方进行访谈，其中项目组织负责人4

名，志愿者 10 名，老年人 20 名，养老机构、社区负责人 2 名。访谈主要从以下三方面进行：① 该项目对利益相关方的影响内容，主要为存在的正面影响、负面影响、影响的表现方式以及重要程度几方面；② 影响持续度主要为短、中、长期影响三类；③ 其他事物对其是否有相同影响以及影响的程度。

（4）统计学方法　利用 Excel 软件对项目成本投入、志愿者总价值、志愿服务项目总价值等数据进行录入及分析。

2. SROI **评价过程及结果**

（1）界定并分析利益相关方　志愿服务以志愿者、志愿者组织和服务对象为三大主体，本研究探讨的养老照护利益相关方包括养老照护志愿组织、志愿者、老年人、养老机构、社区等。利用访谈法对该项目中利益相关方在养老照护志愿服务中所获得的成果进行总结分析（表 6.9）。

表 6.9　养老照护利益相关方及成果分析

利益相关方	数量（人/个）	成果
志愿服务组织	1	扩大该志愿服务组织影响力；改善传统养老照护模式；管理方式得到更新
志愿者	78	掌握更多健康养老照护知识及其他技能；大学生活更加精彩、有意义；交流沟通能力得到提升；组织管理能力得到提升
老年人	156	了解更多健康养老知识；生活更加丰富精彩；老化态度、老龄化期望得到改变
社区、养老机构	4	一定程度上解决了养老照护人员匮乏的问题

（2）项目成本投入　SROI 评价的成本投入分为显性投入和隐性投入。在本研究中，显性投入为该养老照护团队为项目投入的可见费用；隐性投入主要为非资金投入，由某方免费提供给该项目团队。本研究根据市场经济水平进行隐性投入成本估算（表 6.10）。

表 6.10　显性成本投入及隐性成本投入分析

投入	类别	经费（元）
显性投入	住宿用餐补贴	3 091.1
	交通补贴	5 107.8
	活动用物	3 873.5
	志愿者培训	320.0
	活动师资补贴	2 607.6
隐性投入	培训场地费用	5 600.0
	活动场地	1 760.0
	师资培训费用	8 800.0
	项目指导老师费用	23 400.0
	活动纪念品	1 200.0
	赞助用物	28 550.0
总计	—	84 310.0

（3）成果价值分析及“货币化”转换　该养老照护项目成本投入时间范围为 8 个月，因此对于影响力分析的时间范围以 8 个月进行计算。对所有访谈内容进行综合分析，并根据经济学等价物选择及定价的相关理论 [18-19]，经讨论后，将成果价值进行“货币化”转换，见表 6.11。其中，因社区、养老机构所获得成果为“一定程度上解决了养老照护人员匮乏的问题”，所以此成果利用养老照护志愿者价值表示，将志愿者投入总时长（2 341 小时），与该类志愿者相匹配的全职养老照护从业者的工作时长进行等价性换算，全职从业者工作时长以法定工作时长为标准，每周 40 小时，按 5 个月共 20 周为基准，估算约等价为 2 名全职从业者；全职从业者工资水平参照潘芳等 [5] 对该地 11 个区 36 家养老机构 254 名养老护理人员月收入的调查，以及国内某生活分类信息网站中南京市 14 所养老护理相关机构该类职业的月收入及五险一金、包吃包住、交通补助等补助情况 [20]，经

讨论月均总收益为 4 700 元，获得志愿者总价值为：全职从业者人数 2 名 × 月均总收益 4 700 元 × 工作时长 8 个月 =70 500 元。

表 6.11　成果价值“货币化”转换分析

利益相关方	成果	持续时间	其他事物是否有相同影响	等价财务指标	价值
志愿组织（1 个）	扩大该志愿服务组织影响力	短期影响	否	2 次广告宣传费用	5 000 元 / 次
	改善传统养老照护模式、管理方式得到更新	长期影响	否	3 次相关培训	500 元 /（个・次）
志愿者（78 名）	掌握更多健康养老照护知识及其他技能	长期影响	是	3 次相关课程培训	150 元 /（名・次）
	大学生活更加精彩、有意义	短期影响	是	2 次出游	300 元 /（名・次）
	交流沟通能力得到提升	长期影响	是	3 次相关课程培训	150 元 /（名・次）
	组织管理能力得到提升	长期影响	是	3 次相关课程培训	150 元 /（名・次）
老年人（156 名）	了解更多健康养老知识、老化态度、老龄化期望得到改变	长期影响	否	3 次相关课程培训	150 元 /（名・次）
	生活更加丰富精彩	短期影响	是	2 次出游	300 元 /（名・次）
社区、养老机构（4 个）	一定程度上解决了养老照护人员匮乏的问题	短期影响	否	等价于全职从业者 8 个月收入情况	70 500 元

（4）影响力分析　影响力分析常通过对该项目的“无谓因子”“转移因子”和“归因因子”进行计算分析，最终确定该项目涉及的利益相关方的变化有多少比例是纯粹受项目干预影响。在本研究中，根据访谈结果，将各成果“无谓因子”设为“0”；对志愿者的各成果及老年人“生活更加丰富精彩”这一成果的“转移因子”设为“20%”，其余成果“转移因子”均设为“0”；结合项目对所有利益相关方的影响持续时间及本研究所界定的 8 个月时间范围考虑，时间较短，

因此各项成果的“衰退因子”设为“0”。

（5）社会投资回报率计算　志愿组织、志愿者、老年人的成果计算利用公式：等价物 × 数量 ×（1– 无谓因子）×（1– 归因因子）= 每类利益相关方成果，结合上文分析社区、养老机构所获价值为志愿者总价值 70 500 元，最终计算得项目成果总价值为 348 760 元（表 6.12）。结合上文统计志愿服务总投入为 84 310 元，因此，该养老照护项目社会投资回报率为 348 760/84 310=4.1：1。

表 6.12　该养老照护项目总价值分析

利益相关方	总价值（元）
志愿组织	5 000 元 ×2 次 +500 元 ×3 次 =11 500
志愿者	78 人 ×（300 元 ×2 次 +450 元 ×3 次）×（1–20%）=121 680
老年人	156 人 ×150 元 ×3 次 +156 人 ×300 元 ×2 次 ×（1–20%）=145 080
社区、养老机构	70 500
总计	348 760

3. 讨论

传统的志愿服务在项目执行评价时常以汇报的形式叙述开展哪些项目活动、受益人群等项目“产出”，这种方法虽然部分利用了量性评价的思维但并不等同于项目“成果”[21]；基于干预前后对老年人健康状况、生活质量、卫生服务利用情况等分析的方法，或许可同时进行卫生经济学评价，但这仅是将老年人列为项目的受益方，项目的相关利益法分析不全面，亦未兼顾到养老照护对于社会价值的意义。本节以某医学院校养老照护项目为例，将各利益相关方的成果以定性或定量的形式较为全面地展现出来，可较为准确地反映该项目的成果而不是产出。在 SROI 评价过程中，由于公益项目的非营利属性，难以比较投入成本与经济收入关系的情况，而 SROI 评价为项目成果选取与之相匹配的“等价物”进行“货币化”，从而能够将项目价值量化，将之更加直观、醒目、具体化地展现出来，这与 3D 评估理论、APC 理论等评估理论相比，实现了对价值量化的过程，克服了以陈述性“讲故事”的形式[22]进行成果阐述的局限，同时也可通过这一量化值，可使项目投资者明确其服务财务价值，为其提供价值参考及评估依据，达到合理分配资源的效果[23]。本研究结果显示，该项目的 SROI 比率为 4.1∶1，表示为该养老照护项目每投入 1 元，则可产生 4.1 元的社会价值，这一结果在经济层面上表明了社会志愿团体参与养老照护可产生高于投入的社会价值，肯定了社会志愿团体参与养老照护的社会意义，也间接支持了对社会志愿团体开展养老照护专门培训是弥补养老照护队伍缺口的重要路径的观点。

需要注意的是，在 SROI 评价过程中，相关利益群体、关键成果的选择通常是基于泛化下的主观定义或是以往文献中对于该类项目成果的定义，通常难以摆脱主观因素的影响[9]；再者，虽然 SROI 评价创新点在于项目成果的“货币化”过程，但“货币化”的过程也成为争议最大的过程，成果等价物的选择、定价过程，其准确性都难以保证，若项目组织方随意选择或是选择不恰当，都可能出现夸大现象[23]，这也是今后社会志愿团体参与养老照护 SROI 评价亟须解决的问题。

第四节　社会志愿团体参与养老照护的评价指标体系研究

建立社会志愿团体参与养老照护志愿服务评价指标体系，可为社会志愿团体参与养老照护志愿服务的评估提供可参考的依据。本节运用文献阅读法、德尔菲专家函询法构建评价指标体系，运用层次分析法确定各级指标的权重系数，最终经过两轮专家咨询后建立了共有一级指标 6 个、二级指标 15 个、三级指标 44 个的社会志愿团体参与养老照护志愿服务评价指标体系。本节所构建的社会志愿团体参与养老志愿服务评级指标体系具有较好的理论基础和客观性，可以为提高社会志愿团参与养老照护志愿服务水平提供评判依据。

1. 社会志愿团体参与养老照护的评价指标体系研究的必要性分析

（1）研究背景　老龄化问题已成为全国经济社会发展亟须解决的议题[1]。与日益严峻的老龄化问题矛盾的是，我国养老护理人员严重缺失。按照社会正常标准测算，照护人员和老年人员的配比应为 1：4，但持证上岗人员不足 5 万人[24]。习近平总书记在中共中央政治局集体学习中，就我国人口老龄化的形势和对策问题明确提出“社会参与”的要求。为贯彻落实中国红十字会总会、民政部、全国老龄办 2017 年联合下发的《关于红十字会参与养老服务工作的指导意见》，江苏省在 2017、2018 年将红十字会参与养老服务工作列入“年度十大主要任务百项重点工作”，江苏省红十字会依托南京医科大学护理学院举办了全省红十字养老照护师资培训，为不同类型的社会志愿团体培训了专业养老照护队伍。

（2）研究意义　国内外针对社区、机构养老服务评价的研究很多，但是关于对社会志愿团体参与养老照护志愿服务评价的研究却很少。面对如此照护人员与老年人匹配不足的社会环境，社会志愿团体参与养老照护志愿服务对于弥补养老照护人员的缺口具有十分重要的意义[25]，如何更好地评价并完善这一志愿服务将为后期养老志愿服务发展提供更多宝贵的建议。其次，从研究角度上看，少有关于社会志愿团体参与养老志愿服务的系统评价体系，多是关于社会养老照护存在的问题以及志愿团体参与养老照护志愿服务对于解决这一供需问题表面化的理论性阐述，未能从体制、服务效果、社会影响力等各方面去系统化地评价其整体的价值意义及该志愿服务项目的规范化和可持续发展。因此，本章以社会志愿团体参与养老照护志愿服务评价指标体系为研究主体，对其进行合理界定和标准化衡量，以判断志愿服务项目的质量，及时发现其中存在的问题，为规范社会志愿团体参与养老志愿服务提供有价值的参考范本。

2. 研究对象及方法

（1）研究对象　本研究在江苏省、河北省、内蒙古自治区选取 12 名专家，分别为养老机构行政管理人员、社会志愿者、社会志愿者团体管理者三类领域的专家，选取的专家都具有一定的社会工作经历，对于养老护理、养老志愿活动及养老领域的政策及实践发展较为熟悉，掌握一定的理论知识或实践经验。12 位专家的文化程度、专业技术职称、工作单位、工作年限及工作性质见表 6.13。

表 6.13　专家基本情况

项目		人数	构成比（%）
文化程度	硕士	1	8.3
	本科	6	50.0
	专科	5	41.7
专业技术职称	高级	1	8.3
	副高级	2	16.7
	中级	5	41.6
	初级及其他	4	33.4
工作单位	高校	2	16.7
	养老机构	4	33.3
	医疗机构 / 社区卫生服务机构	2	16.7
	志愿服务组织	3	25.0
	行政机构	1	8.3
工作年限	1~9 年	7	58.3
	10~20 年	3	25.0
	20 年以上	2	16.7
工作性质	行政管理人员	6	50.0
	社会志愿者	4	33.3
	志愿者培训工作者	2	16.7

（2）研究方法

① 文献阅读法：文献阅读法即通过阅读文献便于正确标引文献，做好简介、摘要和著录编目工作，这种方法能以短少的时间选择文献、捕捉信息，用更多的精力进行科学预测和研究工作。因此，文献阅读法是对任何人都有实用价值的一种学习方法[26]。通过阅读评价体系构建、养老照护、志愿服务等方面的相关文献，进一步了解相关原理，为构建评价体系及文章内容提供合理的依据。

② 德尔菲专家函询法：德尔菲专家函询法是一种向专家咨询意见的方

法[27]。本研究根据初步拟定的评价指标体系制定问卷，让专家针对条目的重要程度进行评判，并对自身情况进行评估，在收集到专家的意见后，进行统计、整理、分析，并对问卷内容进行修改再次反馈给专家征求其意见。经过两轮咨询后，当专家的意见趋于一致时，则以最后一次的评价指标体系为最终的评价指标体系。本研究根据专家自评情况采用积极系数、权威系数、协调系数及专家意见集中程度检验专家咨询的可靠性。a. 专家积极系数：以专家咨询表的回收率表示，代表专家的参与积极程度，问卷回收率大于 70% 表示专家积极程度非常好。b. 专家权威系数（C_r）：由专家做出的判断依据（C_a）和专家对调查内容的熟悉程度（C_s）决定，计算公式为 $C_r =（C_a+C_s）/2$，C_r 越大，表示专家权威程度越高，一般 $C_r > 0.7$ 表示专家权威程度高，专家判断依据赋值表及熟悉程度复制表见表 6.14、表 6.15。c. 专家协调系数：以肯德尔协调系数大小和变异系数 C_v 表示，肯德尔协调系数越接近 1，以及变异系数越小，表示专家协调程度越好，变异系数小于 0.25 表示协调程度高。d. 专家意见集中程度：以算数平均数、满分频率表示，算数平均数及满分频率越高，表明指标重要程度越高。

③ 层次分析法：层次分析法简称 AHP，是由美国运筹学家 T. L. Saaty 教授提出的一种分析方法。AHP 是一种定性和定量相结合的、系统化的、层次化的分析方法。它是将半定性、半定量问题转化为定量问题的一种行之有效的方法，使人们的思维过程层次化。通过逐层比较多种关联因素来为分析、决策、预测或控制事物的发展提供定量依据[28]。本研究采取层次分析法对社会志愿团体参与养老照护志愿服务的各项评价指标进行权重计算。

④ 统计学方法：利用 Excel 软件对专家重要程度打分并进行算数平均值、标准差、变异系数、满分频率统计，同时根据问卷回收率对专家积极系数、根据专家判断依据及专家熟悉程度对专家权威系数进行统计；利用 SPSS 24.0 对专家协调系数中肯德尔系数进行计算。

表 6.14　判断依据赋值表

判断依据	大	中	小
实践经验	0.5	0.4	0.3
理论分析	0.3	0.2	0.1
参考国内外有关文献	0.2	0.1	0.1
直观感觉	0.1	0.1	0.1

表 6.15　熟悉程度赋值表

熟悉程度	很熟悉	熟悉	较熟悉	一般	很不熟悉
赋值	1	0.8	0.6	0.4	0.2

3. 框架及指标确定的理论基础及基本原则

（1）理论基础

① 公益项目“综合绩效评估”理论：社会志愿团体参与养老照护志愿服务从本质上来讲是属于一种公益项目，在寻求其评价指标的过程中可以以公益项目评价为相关依据，制定其相关指标。本研究以清华大学NGO研究所提出的公益项目“综合绩效评估”理论框架为依据来制定社会志愿团体参与养老照护志愿服务评价指标体系。该公益项目“综合绩效评估”主要是对公益组织实施的项目或活动进行适当性、效率、效果、满意度、社会影响力以及可持续性等六方面进行评价。除此之外，NGO研究所关于“公益组织的组织能力评估指标”对于研究公益项目“综合绩效评估”也是不可或缺的，公益组织的组织能力是公益组织达成使命的基本保证，同时也是项目绩效持续性的保证[15]。依据以上各方面内容，本研究将公益项目“综合绩效评估”中的6个基本维度——适当性、效率、效果、满意度、社会影响力以及可持续性定为一级指标，并根据这6个维度的相应具体指标、“公益组织的组织能力评估指标”以及其他多重共线因素[29]制定二、三级指标。

② 系统理论：系统原理的主要思想是协调统一整体发展，每个系统是一个

庞大的整体，拥有相互间密切关联的要素。系统中的各要素不是单独孤零零地存在，每个要素在整体布局中都有自己独特固定的位置，都需要发挥自己在系统中不可替代的作用。而整个系统的运行并不是靠要素的简单叠加和机械组合，而是由内外不同的影响因素共同协作的。内因是系统运行的根本动力，同时系统的运行也依赖外部环境，内外因共同推进系统的发展。社会志愿团体参与养老照护志愿服务评价指标体系的构建充分体现系统原理的思想，社会志愿团体参与养老照护志愿服务的评价指标体系如同一个庞大的系统，内部的各个评价指标就是系统内的要素，每个要素在评价过程中都有自身的价值，其中既有针对老人、家庭、养老机构满意度以及相关的外部影响力如媒体关注度等外部因素，也有志愿项目本身的合理性、团队内部的构建、制度、项目规划等内部因素，从志愿者、服务对象、志愿服务组织等多维度进行了评价体系的系统化考量 [30]。指标体系的构建充分考虑系统内各要素的关联性及整体性，内外部指标共同发挥各自的价值，才能更加全面地评价社会志愿团体参与养老照护志愿服务这一志愿服务项目的水平。

③ 志愿者投入和价值评价理论：VIVA 即志愿者投入和价值评价，用于评估在志愿者身上花费的总金额与志愿者工作所体现出来的总价值两者之间的关系 [6]。VIVA 比率的计算公式为：志愿者总价值 / 志愿者总投入。其中总价值主要是根据志愿者在志愿活动中所投入的总时长，以及与该类志愿者工作内容相匹配的全职从业者进行等价性换算，主要以该类全职从业者若工作相同的时间，需要投入多少金额才能完成志愿者相同的工作，从而得出在志愿者身上每投入 1 元的成本可以得到多少元的收益。同时，在计算 VIVA 比率的过程中还可以得到在志愿者身上的总投入、志愿者投入的总时长、累计服务总人次、志愿者的人均服务时长、人均价值和人均支出等数据 [6]。VIVA 相关信息作为指标体系中三级指标 B1-1 成本效益的依据。

（2）基本原则　彭张林综合考量多份文献对评价指标体系原则的研究，总结出了评价指标体系在构建过程中，整体上应遵循科学性原则，其中科学性原则又由目的性、完备性、可操作性、独立性、显著性与动态性等六个原则构成，即“O-C-W-I-S-D”原则[31]。本文在构建社会志愿团体参与养老照护志愿服务的评价指标体系的过程中，其一级指标是以被广泛应用、具有一定科学性的清华大学NGO研究所提出的公益项目“综合绩效评估”理论框架为依据，在此基础上又有目的性地针对属于公益项目范畴内的养老照护志愿服务项目进行二级和三级评价指标的建立，从志愿者、服务对象、志愿服务组织等多维度有目的地进行指标的细化，对整个项目的规范性发展起到一定的导向性作用。

4. **主要结果**

（1）初步拟定评价指标体系专家咨询表　根据前文叙述的基本原理和原则以及查阅志愿服务、养老照护、评级体系构建等方面相关文献，整理分析讨论后确定一级指标6个即适当性、效率、效果、满意度、社会影响力、可持续性，拟定二级指标14个，三级指标38个，形成第一轮备选评价指标体系（表6.16）。将初步拟定的备选评价指标体系制成专家咨询表，咨询表中首先阐述本次调查的背景及目的，注明需要对每项指标的“重要性”进行选择，在每项指标的最后表明专家可以合理化地删减或增加相关指标，并对整个指标体系的修正提出自己的意见，最后要求各位专家根据自身情况填写基本信息。

表6.16　第一轮备选评价指标体系

一级指标	二级指标	三级指标
A 适当性	A1 项目与老年人需求的一致性	A1-1 项目是否对老年人需求及时回应
		A1-2 项目发展的迫切程度
		A1-3 项目是否为发展的优先项目
	A2 志愿团体实施项目的合理性	A2-1 项目与志愿团体宗旨的一致性
		A2-2 项目与志愿团体职能的一致性

续　表

一级指标	二级指标	三级指标
B 效率	B1 时间、经济效益	B1-1 成本效益（计算 VIVA：志愿者投入和价值评价，用以评估在志愿者身上花费的总金额与志愿者工作所体现出来的总价值两者之间的关系）
		B1-2 规定时间内完成活动程度
	B2 项目经验推广程度	B2-1 当地推广程度
		B2-2 其他地区推广程度
C 效果	C1 项目实施效果	C1-1 项目遵循原计划实施程度
		C1-2 项目完成程度
	C2 项目对老年人的效果	C2-1 老化态度
		C2-2 老龄化期望程度
		C2-3 养老照护知识提升程度
		C2-4 养老照护技能提升程度
	C3 项目对家庭 / 养老机构的效果	C3-1 相关人员养老照护知识提升程度
		C3-2 相关人员养老照护技能提升程度
D 满意度	D1 接受养老照护服务的老年人满意度	D1-1 对志愿服务项目内容的满意度
		D1-2 对志愿服务所选时间的满意度
		D1-3 对志愿者服务态度的满意度
		D1-4 对志愿服务项目结果的满意度
	D2 接受养老照护服务的家庭 / 养老机构满意度	D2-1 对志愿服务项目内容的满意度
		D2-2 对志愿服务所选时间的满意度
		D2-3 对志愿者服务态度的满意度
		D2-4 对志愿服务项目结果满意度

续 表

一级指标	二级指标	三级指标
E 社会影响力	E1 对目标群体的影响	E1-1 老年人养老方式的选择
		E1-2 家庭、养老机构对养老照护志愿服务的接受程度
	E2 对志愿团体内部的影响	E2-1 志愿团体建设能力提升度
		E2-2 志愿者各方面能力提升度
	E3 其他社会影响	E3-1 媒体关注度
		E3-2 获得政府、社会项目资金支持力度
		E3-3 社会养老敬老思想观念提高程度
F 可持续性	F1 项目可持续性	F1-1 项目风险性
		F1-2 项目规划完善性
	F2 志愿团体可持续性	F2-1 团体管理制度规范化
		F2-2 团体构成人员稳定性
		F2-3 志愿者保障制度完善性
		F2-4 志愿者对于养老照护知识掌握程度

（2）第一轮咨询结果　第一轮咨询采用线下形式，在 2018 年 9 月中国红十字总会养老服务师资培训（南京班）执行期间完成。

① 专家积极系数：第一轮社会志愿团体参与养老照护志愿服务评价指标体系共向专家发放咨询表 12 份，回收有效问卷 12 份，回收率 100%，有效率 100%。

② 专家权威系数：根据公式：

$$专家权威系数（C_r）=（专家判断依据 C_a+ 专家熟悉程度 C_s）/2$$

计算中专家判断依据 C_a 值为所有专家各判断依据平均分总和，为 0.83，专家熟悉程度 C_s 值为所有专家熟悉程度的平均值 0.62，得出第一轮专家权威系数为 0.72，权威系数大于 0.7，专家权威程度较高。专家判断依据评分见表 6.17，专家熟悉程度评分见表 6.18。

表 6.17 第一轮专家判断依据

专家	专家1	专家2	专家3	专家4	专家5	专家6	专家7	专家8	专家9	专家10	专家11	专家12	平均值
实践经验	0.3	0.5	0.4	0.5	0.5	0.5	0.4	0.5	0.4	0.5	0.5	0.5	0.458
理论分析	0.2	0.1	0.1	0.1	0.3	0.2	0.2	0.2	0.2	0.1	0.2	0.2	0.175
参考国内外文献	0.1	0.1	0.1	0.1	0.1	0.1	0.1	0.1	0.1	0.1	0.1	0.1	0.10
直观感觉	0.1	0.1	0.1	0.1	0.1	0.1	0.1	0.1	0.1	0.1	0.1	0.1	0.10
总计	—	—	—	—	—	—	—	—	—	—	—	—	0.83

表 6.18 第一轮专家熟悉程度表

专家	专家1	专家2	专家3	专家4	专家5	专家6	专家7	专家8	专家9	专家10	专家11	专家12	平均值
熟悉程度评分	0.40	0.80	0.40	0.60	0.60	0.60	0.40	0.80	0.60	1.00	0.60	0.60	0.62

③ 专家协调系数：一级指标变异系数范围为0.095~0.150，二级指标变异系数范围为0.081~0.225，三级指标变异系数范围为0.093~0.245，变异系数均小于0.25；肯德尔系数见表6.19。

表 6.19 第一轮专家协调系数

指标内容	*W* 值	χ^2 值	*P* 值	变异系数范围
一级指标	0.318	11.129	0.049	0.095~0.150
二级指标	0.163	25.417	0.020	0.081~0.225
三级指标	0.241	107.051	0.000	0.093~0.245

④ 专家意见集中程度：平均值范围：一级指标为4.417~4.750，二级指标为4.000~4.833，三级指标为3.750~4.750。满分频率范围：一级指标为41.7%~75.0%，二级指标为25.0%~83.3%，三级指标为8.3%~83.3%。

一、二、三级各指标专家意见集中程度分别见表6.20、表6.21和表6.22。

表 6.20 第一轮一级指标专家意见集中程度

一级指标项	描述统计	
	平均值	满分百分比
A	4.583	66.7%
B	4.417	41.7%
C	4.500	50.0%
D	4.500	58.3%
E	4.583	66.7%
F	4.750	75.0%

表 6.21 第一轮二级指标专家意见集中程度

二级指标项	描述统计	
	平均值	满分百分比
A1	4.833	83.3%
A2	4.500	50.0%
B1	4.000	25.0%
B2	4.167	50.0%
C1	4.333	41.7%
C2	4.667	66.7%
C3	4.417	50.0%
D1	4.667	75.0%
D2	4.417	50.0%
E1	4.333	41.7%
E2	4.417	41.7%
E3	4.167	33.3%
F1	4.667	66.7%
F2	4.667	66.7%

表 6.22　第一轮三级指标专家意见集中程度

三级指标项	描述统计		三级指标项	描述统计	
	平均值	满分百分比		平均值	满分百分比
A1-1	4.750	83.3%	D1-1	4.667	66.7%
A1-2	4.167	16.7%	D1-2	4.083	16.7%
A1-3	3.750	16.7%	D1-3	4.750	75.0%
A2-1	4.417	50.0%	D1-4	4.333	41.7%
A2-2	4.500	50.0%	D2-1	4.417	50.0%
			D2-2	4.333	41.7%
			D2-3	4.417	50.0%
B1-1	3.833	25.0%	D2-4	4.333	50.0%
B1-2	3.917	16.7%	E1-1	4.250	41.7%
B2-1	4.417	50.0%	E1-2	4.583	66.7%
B2-2	3.917	8.3%	E2-1	4.417	41.7%
			E2-2	4.250	25.0%
			E3-1	4.417	58.3%
C1-1	4.167	41.7%	E3-2	4.667	75.0%
C1-2	4.417	41.7%	E3-3	4.417	41.7%
C2-1	4.000	25.0%	F1-1	4.000	8.3%
C2-2	3.917	8.3%	F1-2	4.333	41.7%
C2-3	4.750	75.0%	F2-1	4.583	58.3%
C2-4	4.583	66.7%	F2-2	4.583	58.3%
C3-1	4.750	75.0%	F2-3	4.583	50.0%
C3-2	4.750	75.0%	F2-4	4.667	66.7%

⑤ 评价指标体系修改：根据专家意见对评价指标体系进行部分修改，其中

二级指标中，A 适当性部分增加“A3 志愿者实施项目的适当性”；B 效率部分将“B1 时间、经济效益”改为“B1 时间、成本效益”。三级指标中，A1 项目与老年人需求的一致性部分将“A1-3 项目是否为发展的优先项目”改为“A1-3 项目是否为当地家庭社区、养老机构发展的优先项目”，增加“A1-4 项目具体活动内容是否适合老人”；在增加的二级指标 A3 志愿者实施项目的适当性中补充三个三级指标“A3-1 志愿者实施项目时行为方式的适当性、A3-2 志愿者实施项目时沟通方式的适当性、A3-3 志愿者实施项目时态度的适当性”；B1 时间、成本效益将“B1-1 成本效益（计算 VIVA：志愿者投入和价值评价，用于评估在志愿者身上花费的总金额与志愿者工作所体现出来的总价值两者之间的关系）”修改为“B1-1 成本效益（VIVA 评估：志愿者投入和价值评价，用于评估在志愿者身上花费的总金额与志愿者工作所体现出来的总价值两者之间的关系，同时可产生投入明细、总投入、平均志愿者投入等数据，可根据其对后期的经济投入进行战略调整）”；C2 项目对老年人的效果将“C2-1 老化态度”及“C2-2 老龄化期望程度”分别修改为“C2-1 老化态度（老化态度是人们变老过程以及年老评价和体验，包括积极的和消极的，它会对人们的行为、自我概念、对变老的接受程度、生活方式等产生重要影响，还影响老年人的心理健康状态）”及“C2-2 老龄化期望程度（老龄化期望是老年人对实现和维持躯体及精神功能的期望水平，是老年人健康信念在老龄化问题上的具体表现）”；E2 对志愿团体内部的影响将“E2-2 志愿者各方面能力提升度”“E2-2 志愿者各方面能力提升度（如沟通能力、组织管理能力、价值观判断能力等）”，E3 其他社会影响增加“E3-4 获得各方工作上的指导力度”；F 项目可持续性将“F1-1 项目风险性”修改为“F1-1 项目风险性（如志愿者安全、老人安全的保障及法律责任的承担）”，增加“F1-3 项目的可实施性、F1-4 老年人接受项目的可持续性”。共确定一级指标 6 个，二级指标 15 个，三级指标 44 个，形成的第二轮评价指标体系（表 6.23）。

表 6.23　第二轮评价指标体系

一级指标	二级指标	三级指标
A 适当性	A1 项目与老年人需求的一致性	A1-1 项目是否对老年人需求及时回应
		A1-2 项目发展的迫切程度
		A1-3 项目是否为当地家庭社区、养老机构发展的优先项目
	A2 志愿团体实施项目的合理性	A2-1 项目与志愿团体宗旨的一致性
		A2-2 项目与志愿团体职能的一致性
	A3 志愿者实施项目的适当性	A3-1 志愿者实施项目时行为方式的适当性
		A3-2 志愿者实施项目时沟通方式的适当性
		A3-3 志愿者实施项目时态度的适当性
B 效率	B1 时间、成本效益	B1-1 成本效益（VIVA 评估：志愿者投入和价值评价，用于评估在志愿者身上花费的总金额与志愿者工作所体现出来的总价值两者之间的关系，同时可产生投入明细、总投入、平均志愿者投入等数据，可根据其对后期的经济投入进行战略调整）
		B1-2 规定时间内完成活动程度
	B2 项目经验推广程度	B2-1 当地推广程度
		B2-2 其他地区推广程度
C 效果	C1 项目实施效果	C1-1 项目遵循原计划实施程度
		C1-2 项目完成程度
	C2 项目对老年人的效果	C2-1 老化态度（老化态度是人们变老过程以及年老评价和体验，包括积极的和消极的，它会对人们的行为、自我概念、对变老的接受程度、生活方式等产生重要影响，还影响老年人的心理健康状态）
		C2-2 老龄化期望程度（老龄化期望是老年人对实现和维持躯体及精神功能的期望水平，是老年人健康信念在老龄化问题上的具体表现）
		C2-3 养老照护知识提升程度
		C2-4 养老照护技能提升程度

续 表

一级指标	二级指标	三级指标
C 效果	C3 项目对家庭 / 养老机构的效果	C3-1 相关人员养老照护知识提升程度
		C3-2 相关人员养老照护技能提升程度
D 满意度	D1 接受养老照护服务的老年人满意度	D1-1 对志愿服务项目内容的满意度
		D1-2 对志愿服务所选时间的满意度
		D1-3 对志愿者服务态度的满意度
		D1-4 对志愿服务项目结果的满意度
	D2 接受养老照护服务的家庭 / 养老机构满意度	D2-1 对志愿服务项目内容的满意度
		D2-2 对志愿服务所选时间的满意度
		D2-3 对志愿者服务态度的满意度
		D2-4 对志愿服务项目结果满意度
E 社会影响力	E1 对目标群体的影响	E1-1 老年人养老方式的选择
		E1-2 家庭、养老机构对养老照护志愿服务的接受程度
	E2 对志愿团体内部的影响	E2-1 志愿团体建设能力提升度
		E2-2 志愿者各方面能力提升度（如沟通能力、组织管理能力、价值观判断能力等）
	E3 其他社会影响	E3-1 媒体关注度
		E3-2 获得政府、社会项目资金支持力度
		E3-3 社会养老敬老思想观念提高程度
		E3-4 获得各方工作上的指导力度
F 可持续性	F1 项目可持续性	F1-1 项目风险性（如志愿者安全、老人安全的保障及法律责任的承担）
		F1-2 项目规划完善性
		F1-3 项目的可实施性
		F1-4 老年人接受项目的可持续性

续　表

一级指标	二级指标	三级指标
F 可持续性	F2 志愿团体可持续性	F2-1 团体管理制度规范化
		F2-2 团体构成人员稳定性
		F2-3 志愿者保障制度完善性
		F2-4 志愿者对于养老照护知识掌握程度

（3）第二轮专家咨询结果　第二轮咨询采用线上形式，于 2018 年 9 月 23 日 ~10 月 3 日期间完成。

① 专家积极系数：第二轮社会志愿团体参与养老照护志愿服务评价指标体系共向专家发放咨询表 12 份，回收有效问卷 12 份，回收率 100%，有效率 100%。

② 专家权威系数：根据公式：

$$专家权威系数（C_r）=（专家判断依据 C_a+ 专家熟悉程度 C_s）/2$$

计算中专家判断依据 C_a 值为所有专家各判断依据平均分总和，为 0.87，专家熟悉程度 C_s 值为所有专家熟悉程度的平均值 0.63，得出第一轮专家权威系数为 0.75，权威系数大于 0.7，专家权威程度较高。专家判断依据评分见表 6.24，专家熟悉程度评分见表 6.25。

表 6.24　第二轮专家判断依据评分

专家	专家1	专家2	专家3	专家4	专家5	专家6	专家7	专家8	专家9	专家10	专家11	专家12	平均值
实践经验	0.5	0.4	0.5	0.5	0.5	0.5	0.5	0.3	0.5	0.4	0.5	0.3	0.45
理论分析	0.2	0.2	0.2	0.1	0.3	0.2	0.3	0.3	0.2	0.2	0.2	0.2	0.22
参考国内外文献	0.1	0.1	0.1	0.1	0.1	0.1	0.1	0.1	0.1	0.1	0.1	0.1	0.10
直观感觉	0.1	0.1	0.1	0.1	0.1	0.1	0.1	0.1	0.1	0.1	0.1	0.1	0.10
总计	—	—	—	—	—	—	—	—	—	—	—	—	0.87

表 6.25　第二轮专家熟悉程度表

专家	专家1	专家2	专家3	专家4	专家5	专家6	专家7	专家8	专家9	专家10	专家11	专家12	平均值
熟悉程度评分	0.4	0.4	0.6	0.8	0.8	0.8	0.8	0.6	0.8	0.4	0.8	0.4	0.63

③ 专家协调系数：一级指标变异系数范围为 0.059~0.117，二级指标变异系数范围为 0.059~0.177，三级指标变异系数范围为 0.081~0.204，变异系数均小于 0.25；肯德尔系数见表 6.26。

表 6.26　第二轮专家协调系数

指标内容	*W* 值	χ^2 值	*P* 值	变异系数范围
一级指标	0.199	11.957	0.035	0.059~0.117
二级指标	0.162	27.288	0.018	0.059~0.177
三级指标	0.222	117.098	0.000	0.081~0.204

④ 专家意见集中程度：平均值范围：一级指标为 4.417~4.750，二级指标为 4.167~4.917，三级指标为 3.833~4.833。满分频率范围：一级指标为 41.7%~75.0%，二级指标为 25.0%~91.7%，三级指标为 8.3%~91.7%。一、二、三级各指标专家意见集中程度分别见表 6.27、表 6.28 和表 6.29

表 6.27　第二轮一级指标专家意见集中程度

一级指标项	描述统计	
	平均值	满分百分比
A	4.583	66.7%
B	4.417	41.7%
C	4.500	50.0%
D	4.500	58.3%
E	4.583	66.7%
F	4.750	75.0%

表 6.28　第二轮二级指标专家意见集中程度

二级指标项	描述统计	
	平均值	满分百分比
A1	4.917	91.7%
A2	4.417	41.7%
A3	4.500	58.3%
B1	4.583	58.3%
B2	4.417	41.7%
C1	4.500	50.0%
C2	4.750	75.0%
C3	4.167	25.0%
D1	4.750	83.3%
D2	4.500	58.3%
E1	4.583	66.7%
E2	4.583	58.3%
E3	4.250	41.7%
F1	4.833	83.3%
F2	4.583	58.3%

表 6.29　第二轮三级指标专家意见集中程度

三级指标项	描述统计		三级指标项	描述统计	
	平均值	满分百分比		平均值	满分百分比
A1-1	4.833	83.3%	D1-1	4.667	66.7%
A1-2	3.917	16.7%	D1-2	4.333	41.7%
A1-3	4.250	25.0%	D1-3	4.750	83.3%
A2-1	4.750	75.0%	D1-4	4.667	75.0%

续 表

三级指标项	描述统计		三级指标项	描述统计	
	平均值	满分百分比		平均值	满分百分比
A2-2	4.333	33.3%	D2-1	4.500	58.3%
A3-1	4.417	41.7%	D2-2	4.083	41.7%
A3-2	4.833	83.3%	D2-3	4.417	25.0%
A3-3	4.583	58.3%	D2-4	4.417	58.3%
			E1-1	4.667	75.0%
			E1-2	4.500	50.0%
B1-1	4.333	50.0%	E2-1	4.750	75.0%
B1-2	4.000	25.0%	E2-2	4.250	25.0%
B2-1	4.500	50.0%	E3-1	4.417	58.3%
B2-2	3.833	8.3%	E3-2	4.833	91.7%
			E3-3	4.583	66.7%
			E3-4	4.583	66.7%
C1-1	4.000	25.0%	F1-1	4.667	66.7%
C1-2	4.167	33.3%	F1-2	4.333	33.3%
C2-1	4.667	66.7%	F1-3	4.417	41.7%
C2-2	4.417	41.7%	F1-4	4.417	50.0%
C2-3	4.833	83.3%	F2-1	4.750	75.0%
C2-4	4.833	83.3%	F2-2	4.333	50.0%
C3-1	4.750	75.0%	F2-3	4.500	50.0%
C3-2	4.750	75.0%	F2-4	4.750	75.0%

与第一轮所得结果相比较，专家协调系数及意见集中程度较第一轮稳定，因此采用第二轮的评价指标体系为最终社会志愿团体参与养老照护志愿服务评价指

标体系，共确定一级指标 6 个，二级指标 15 个，三级指标 44 个（表 6.23）。

（4）社会志愿团体参与养老照护志愿服务评价指标体系权重分析

① 构建判断矩阵：根据专家对某一层级内指标的评分，比较两两影响因素的重要程度，按照 1~9 标度法进行赋值，建立判断矩阵，1~9 标度指标见表 6.30，以 C2 层级中的 4 个指标为例构建判断矩阵，见表 6.31。

表 6.30　判断矩阵标度及其含义

标度	定义
1	两个因素对于某种属性同样重要
3	一个因素比另一个因素稍微重要
5	一个因素比另一个因素明显重要
7	一个因素比另一个因素强烈重要
9	一个因素比另一个因素绝对重要
2、4、6、8	两相邻标度的折中值

表 6.31　C2 判断矩阵

C2	C2-1	C2-2	C2-3	C2-4
C2-1	1	3	1/3	1/3
C2-2	1/3	1	1/5	1/5
C2-3	3	5	1	1
C2-4	3	5	1	1

② 计算各指标权重：利用 MATLAB 软件进行计算，将矩阵 A 的各向量进行几何平均，再进行归一化，得到的新向量即为权重，C2 各指标权重见表 6.32。其中计算得矩阵 A 的最大特征根记为 λ_{max}。

表 6.32　C2 各指标权重

指标	C2-1	C2-2	C2-3	C2-4
权重	0.1524	0.0679	0.3899	0.3899

③ 一致性检验：层次分析法是主观赋权法，为了证明权重的合理性，需要对矩阵 A 做一致性检验。一致性指标为 CI，

$$CI=(\lambda_{max}-n)/(n-1)$$

其中 n 为判断矩阵阶数；RI 为平均随机一致性指标；一致性比率为 $CR=CI/RI$，当 $CR<0.1$ 时即认为对比矩阵具有一致性。利用 MATLAB 软件对以上数据进行一致性检验，C2 层级指标 $CR=0.0161<0.1$。RI 随机一致性指标见表 6.33。

表 6.33 随机一致性指标

n	1	2	3	4	5	6	7	8	9	10
RI	0	0	0.58	0.90	1.12	1.24	1.32	1.41	1.45	1.49

④ 社会志愿团体参与养老照护志愿服务评价指标体系：按照以上方法，对其他层级指标构建判断矩阵，并利用 MATLAB 软件进行权重计算及一致性检验，所有构建的判断矩阵进行一致性检验的一致性比率 CR 均小于 0.1，对比矩阵具有一致性。计算综合权重，综合权重为三级指标对应权重，以及与其所在一、二层级权重相乘所得，如 C2-1 综合权重为：C 权重 ×C2 权重 ×C2-1 权重。最终构建的评价体系及权重见表 6.34，F1-1 项目风险性（如志愿者安全、老人安全的保障及法律责任的承担）（0.123 0），A1-1 项目是否对老年人需求及时回应（0.103 7），A1-3 项目是否为当地家庭社区、养老机构发展的优先项目（0.101 9），其权重均超过 0.1，相比较而言为较重要的评价指标；D2-2 对志愿服务所选时间的满意度（0.001 4），E3-1 媒体关注度（0.001 5），B2-2 其他地区推广程度（0.001 7），其权重均低于 0.002，相比较而言，为较不重要的评价指标。

表 6.34　社会志愿团体参与养老照护志愿服务评价指标体系及权重

一级指标	权重	二级指标	权重	三级指标	权重	综合权重
A 适当性	0.290 3	A1 项目与老年人需求的一致性	0.725 8	A1-1 项目是否对老年人需求及时回应	0.492 2	0.103 7
				A1-2 项目发展的迫切程度	0.024 0	0.005 1
				A1-3 项目是否为当地家庭社区、养老机构发展的优先项目	0.483 8	0.101 9
		A2 志愿团体实施项目的合理性	0.102 0	A2-1 项目与志愿团体宗旨的一致性	0.833 3	0.024 7
				A2-2 项目与志愿团体职能的一致性	0.166 7	0.004 9
		A3 志愿者实施项目的适当性	0.172 1	A3-1 志愿者实施项目时行为方式的适当性	0.116 8	0.005 8
				A3-2 志愿者实施项目时沟通方式的适当性	0.683 3	0.034 1
				A3-3 志愿者实施项目时态度的适当性	0.199 8	0.010 0
B 效率	0.059 8	B1 时间、成本效益	0.750 0	B1-1 成本效益（VIVA 评估：志愿者投入和价值评价，用于评估在志愿者身上花费的总金额与志愿者工作所体现出来的总价值两者之间的关系，同时可产生投入明细、总投入、平均志愿者投入等数据，可根据其对后期的经济投入进行战略调整）	0.800 0	0.035 9
				B1-2 规定时间内完成活动程度	0.200 0	0.009 0
		B2 项目经验推广程度	0.250 0	B2-1 当地推广程度	0.888 9	0.014 9
				B2-2 其他地区推广程度	0.111 1	0.001 7
C 效果	0.100 5	C1 项目实施效果	0.229 0	C1-1 项目遵循原计划实施程度	0.250 0	0.005 8
				C1-2 项目完成程度	0.750 0	0.017 3

续 表

一级指标	权重	二级指标	权重	三级指标	权重	综合权重
C 效果	0.100 5	C2 项目对老年人的效果	0.695 5	C2-1 老化态度（老化态度是人们变老过程以及年老评价和体验，包括积极的和消极的，它会对人们的行为、自我概念、对变老的接受程度、生活方式等产生重要影响，还影响老年人的心理健康状态）	0.152 4	0.010 7
				C2-2 老龄化期望程度（老龄化期望是老年人对实现和维持躯体及精神功能的期望水平，是老年人健康信念在老龄化问题上的具体表现）	0.067 9	0.004 7
				C2-3 养老照护知识提升程度	0.389 9	0.027 3
				C2-4 养老照护技能提升程度	0.389 9	0.027 3
		C3 项目对家庭/养老机构的效果	0.075 4	C3-1 相关人员养老照护知识提升程度	0.500 0	0.003 8
				C3-2 相关人员养老照护技能提升程度	0.500 0	0.003 8
D 满意度	0.100 5	D1 接受养老照护服务的老年人满意度	0.800 0	D1-1 对志愿服务项目内容的满意度	0.245 6	0.019 7
				D1-2 对志愿服务所选时间的满意度	0.069 6	0.005 6
				D1-3 对志愿者服务态度的满意度	0.439 3	0.035 3
				D1-4 对志愿服务项目结果的满意度	0.245 6	0.019 7
		D2 接受养老照护服务的家庭/养老机构满意度	0.200 0	D2-1 对志愿服务项目内容的满意度	0.439 3	0.008 8
				D2-2 对志愿服务所选时间的满意度	0.069 6	0.001 4
				D2-3 对志愿者服务态度的满意度	0.245 6	0.004 9
				D2-4 对志愿服务项目结果满意度	0.245 6	0.004 9

续　表

一级指标	权重	二级指标	权重	三级指标	权重	综合权重
E社会影响力	0.177 5	E1对目标群体的影响	0.444 4	E1-1 老年人养老方式的选择	0.750 0	0.059 2
				E1-2 家庭、养老机构对养老照护志愿服务的接受程度	0.250 0	0.019 7
		E2对志愿团体内部的影响	0.444 4	E2-1 志愿团体建设能力提升度	0.833 3	0.065 7
				E2-2 志愿者各方面能力提升度（如沟通能力、组织管理能力、价值观判断能力等）	0.166 7	0.013 1
		E3其他社会影响	0.111 1	E3-1 媒体关注度	0.074 8	0.001 5
				E3-2 获得政府、社会项目资金支持力度	0.574 1	0.011 3
				E3-3 社会养老敬老思想观念提高程度	0.175 5	0.003 5
				E3-4 获得各方工作上的指导力度	0.175 5	0.003 5
F可持续性	0.271 5	F1项目可持续性	0.800 0	F1-1 项目风险性（如志愿者安全、老人安全的保障及法律责任的承担）	0.566 5	0.123 0
				F1-2 项目规划完善性	0.100 6	0.021 9
				F1-3 项目的可实施性	0.166 4	0.036 1
				F1-4 老年人接受项目的可持续性	0.166 4	0.036 1
		F2志愿团体可持续性	0.200 0	F2-1 团体管理制度规范化	0.330 8	0.018 0
				F2-2 团体构成人员稳定性	0.044 1	0.002 4
				F2-3 志愿者保障制度完善性	0.294 3	0.016 0
				F2-4 志愿者对于养老照护知识掌握程度	0.330 8	0.018 0

5. 讨论

国内外文献针对社会志愿团体参与养老照护志愿服务项目未有很好的评价体系去评价其规范性。本节基于多项原理及原则，构建了社会志愿团体参与养老照护志愿服务的评价体系，弥补了这一方面研究的空缺。本研究所研制的指标体系既体现了社会志愿团体参与养老照护志愿服务项目中各影响因素间的内在联系，又客观反映出社会志愿团体参与养老照护志愿服务项目的整体水平，有助于帮助有关部门及相关研究者找出社会志愿团体参与养老照护志愿服务目前存在的问题，为评价社会志愿团体参与养老照护志愿服务项目的水平提供了一套简洁实用的测量工具。

需要注意的是，德尔菲专家函询法中，各指标在一定程度上会受到专家的主观因素影响，因此前期咨询过程中要确保所咨询专家的数量及质量，后期统计分析时，需注意对专家咨询的可靠性进行各项系数的分析，确保所获得数据的可靠性。此外，体系中部分指标内容要求会随着养老照护志愿服务项目的发展而发生变化，评估指标也会相应进行动态调整，后续研究者可以选择性地进行参考和借鉴。在后续研究中有待通过实证研究，对指标的可行性、客观性和科学性进行优化和完善。

参考文献

[1] 中华人民共和国国家统计局. 中华人民共和国 2017 年国民经济和社会发展统计公报 [EB/OL]. (2018-02-18)[2019-06-21]. http://www.stats.gov.cn/tjsj/zxfb/201802/t20180228_ 1585631.html.

[2] 刘秀楠，傅端香. 社会化养老照护人才培养的困境与对策 [J]. 改革与开放，2017 (11): 54-55，62.

[3] 王林，法若冰，王长青. 国外长期护理模式对我国医养结合养老模式的启示 [J]. 南京医科大学学报 (社会科学版)，2017 (1): 17-21

[4] Volunteering Impact Assessment. Volunteer Investment and Value Audit (VIVA): self–help guide [2].

[5] 潘芳，叶然，徐桂华. 养老机构养老护理人员培训学习需求 [J]. 中国老年学杂志，2017，37 (4): 1006-1007.

[6] Institute for Volunteering Research.VIVA: the Volunteer Investment and Value Audit: a Self-Help Guide，2003. [EB/OL] . [2018-09-01] .https://www.scribe.com/document/352352437/VIVA-The-volunteer-investment-and-value-audit-A-self-help-guide.

[7] 方轻 . 志愿服务评价体系研究 [J] . 长春理工大学学报（社会科学版），2011，24（3）：45-46，100.

[8] 李晔 . 基于组织绩效视角的高校大学生志愿服务评价 [J] . 山东农业大学学报（社会科学版），2013，15（4）：105-110.

[9] 胡前义，颜翠芳，李朝东，等 . 志愿者评价制度研究 [J] . 社会政策研究，2017（5）：116-130.

[10] 58 同城招聘 . 南京养老护理机构全职招聘，2018 [EB/OL] . [2018-09-01] . http://nj.58.com/job/?key=%E6%95%AC%E8%80%81%E9%99%A2%E6%8A%A4%E5%B7%A5&final=1&jump=1.

[11] 58 同城招聘 . 徐州养老护理机构全职招聘，2018 [EB/OL] . [2018-09-26] . https://xz.58.com/job/?key=%E5%85%BB%E8%80%81%E6%8A%A4%E7%90%86&final=1&jump=1.

[12] 58 同城招聘 . 苏州养老护理机构全职招聘，2018 [EB/OL] . [2018-09-26] . https://su.58.com/job/?key=%E5%85%BB%E8%80%81%E6%8A%A4%E7%90%86&final=1&jump=1.

[13] 吴妍琳 . 养老机构薪酬结构研究：以南京地区为例 [D] . 南京：南京农业大学，2010.

[14] The value of our volunteers: A study focusing on the value of volunteers mobilized in the Integrated Community Resilience（ICR）Program in China [EB/OL] . [2018-10-28] . http://www.ifrc.org/Global/Documents/Secretariat/201607/4.VIVA%20China%20Final%20HR.pdf.

[15] 邓国胜，辛华 . 美国志愿服务的制度设计及启示 [J] . 社会科学辑刊，2017，228（1）：79-85.

［16］The value of volunteers: Imagine how many needs would go unanswered without volunteers［EB/OL］.［2018-10-28］. http://www.ifrc.org/Global/Publications/volunteers/IFRC-Value%20of%20Volunteers%20Report-EN-LR.pdf.

［17］Millar R，Hall K. Social Return on Investment（SROI）and Performance Measurement［J］. Public Management Review, 2013, 15（6）: 923-941.

［18］张俊山 . 论货币价值的商品等价物及对收入分配理论的意义［J］. 教学与研究，2017（6）：65-74.

［19］孙海燕 . 如何进行产品定价［M］. 北京：北京大学出版社，2004.

［20］58 同城招聘 . 养老护理机构全职招聘，2018［EB/OL］.［2018-09-01］. http://nj.58.com/job/?key=%E6%95%AC%E8%80%81%E9%99%A2%E6%8A%A4%E5%B7%A5&final=1&jump=1.

［21］社会投资回报（SROI）在中国的适用性总结报告［EB/OL］.［2018-10-27］. http://www.docin.com/p-624717745.html.

［22］赵环，陈雯雯 . 政府购买社会服务的社会投资回报率分析［J］. 浙江工商大学学报，2017，142（1）：114-121.

［23］果佳，王海玥 . 社会投资回报：一种社会影响力评估的工具［J］. 中国行政管理，2016，372（6）：71-75.

［24］全国老龄工作委员会办公室 . 养老人才紧缺，晚年该何处安放?［EB/OL］.［2015-04-08］. http://www.cncaprc.gov.cn/contents/20/76506.html.

［25］何贵蓉，何文俊 . 老年人长期照护需求及影响因素［J］. 中国老年学杂志，2015，35（18）：5298-5299.

［26］胡雁，王志稳，刘均娥，等 . 护理研究［M］. 北京：人民卫生出版社，2017:82

［27］Beretta R.A critical view of the Delphi technique［J］.Nurse Researcher，1996，3（4）：79-89.

［28］郭金玉，张忠彬，孙庆云 . 层次分析法的研究与应用［J］. 中国安全科学学

报，2008（5）：148-153.

［29］潘雯雯 . 大众体育志愿服务组织综合能力的评价指标体系研究［J］. 体育科学，2015，35（6）：13-18.

［30］Systems theory［EB/OL］.［2018-10-10］.https://en.wikipedia.org/wiki/Systems_theory.

［30］张芬，张春，王悦舒 . 大学生志愿服务服务效果评价体系研究［J］. 学校党建与思想教育，2013，465：65-67.

［31］彭张林，张爱萍，王素凤，等 . 综合评价指标体系的设计原则与构建流程［J］. 科研管理，2017，38（S1）：209-215.

第七章 社会志愿团体参与养老照护的实践困境分析及对策探讨

明确社会志愿团体参与养老照护实践的困境并提出对策建议，是明确社会志愿团体参与养老照护现状的重要方面。本章运用质性研究，对 10 位从事养老照护社会志愿团体成员、团队管理者，以及养老机构负责人采取小组焦点访谈的方法进行资料收集，利用 NVivo8.0 对资料进行整理分析，最终共构建出养老照护内容的适当性、志愿团队能力建设、持续性、项目财务以及风险性等 5 个树状节点，以及 12 个子节点。本章研究表明，社会志愿团体参与养老照护志愿服务，其养老照护内容的适当性、志愿团体能力建设、持续性、项目财务以及风险性方面存在实践难题；今后养老照护志愿服务需重点关注项目合理化、养老志愿服务项目资金、各方工作支持、养老照护志愿团体整体能力建设，以及志愿服务风险管理等。

第一节 社会志愿团体参与养老照护实践困境分析的必要性

日益严峻的老龄化问题成为全国各省关注的重要议题[1]，但与之不匹配的是养老照护人员的严重缺失[2]。社会志愿团体参与养老照护并非时至今日才出现的志愿服务形式，但在当前养老照护人员较大缺口和我国积极应对老龄化良好机遇的背景下，经过专业培训的社会志愿团体参与到养老照护志愿服务中对于减轻老年照护人力负担具有积极意义。对于实践困境的分析以及相应对策探讨是社会志愿团体持续、有效参与养老照护的重要前提。本章利用小组焦点访谈的方法对从事养老照护社会志愿团体成员、团队管理者，以及养老机构负责人进行了资料收集及分析，明确了社会志愿团体参与养老照护的实践困境并提出了相应对策建议。

第二节 社会志愿团体参与养老照护实践困境分析方法

1. 研究对象

本研究的对象来自江苏省、河北省、内蒙古自治区，为从事养老照护社会志愿团体成员、团队管理者，以及养老机构负责人，共 10 名，其中女性 8 名，男性 2 名；专科教育程度 5 名，本科教育程度 5 名；养老机构负责人 5 名，社会志愿团体成员 3 名，社会志愿团体管理者 2 名；工作年限 1~9 年 5 人，10~20 年 3 人，20 年以上 2 人；初级职称及其他 3 人，中级职称 4 人，副高级职称 2 人，高级职称 1 人。

2. 研究方法

采用质性研究，以期在自然情景下对社会志愿团体参与养老照护进行整体性探究，使用归纳分析法进行资料分析，通过与研究对象互动对其行为和意义建构获得解释性理解[3]。访谈在 2018 年 9 月中国红十字总会养老服务师资培训（南京班）执行期间完成，录音资料利用讯飞软件进行文本转录，再依据录音对转录文本进行完善，所得文本资料利用计算机辅助质性分析软件 NVivo 8.0 进行编码和分析[4]。

3. 资料收集与分析

（1）访谈过程 访谈于 2018 年 9 月中国红十字总会养老服务师资培训（南京班）执行期间完成。10 名研究对象的访谈工作由经过专业培训的访谈者进行，采取小型小组焦点访谈的形式进行。访谈时间约 40 分钟。访谈前准备工作，准备一间U形会议室，以尽量保证每位被访谈者都能最大程度参与到讨论中；录音笔两支；基本人口学问卷10份。访谈开始前，每位被访谈者填写基本人口学问卷一份，填写完毕由访谈助理收集好，随后访谈者先对访谈意图进行解释说明，并声明研究过程的匿名性和保密性。访谈过程中，访谈者鼓励每位被访谈者参与交谈，依据个人经历、对养老照护志愿服务现存问题的了解，发表个人观点。随着访谈的深入，其中，两位被访谈者针对养老照护志愿服务中老年人是否愿意接受回忆疗法这一问题意见不一：一位被访谈者认为，很多老年人由于个人心理因素不愿意回忆过去，所以回忆疗法是否可行有待商榷；另一位被访谈者针对此问题提出不同意见，认为这一问题的存在是由于志愿者采取的沟通方法不正确导致。访谈者以及访谈助理对整个访谈内容依据被访谈者发言顺序进行记录并标注好被访谈者基本信息，同时利用录音笔录音，以便后期资料分析。

（2）文本转录　访谈结束后，由两位访谈助理对访谈记录笔记及录音资料进行整理，先由一名访谈助理将录音资料利用讯飞软件进行文本转录，后再次依据录音对转录文本进行完善，另外一名访谈助理后期进行文本校对。转录过程以尽量保留资料的原始风格和内容为原则，以保证此项研究的信度。转录完毕后获得字符数13 116、字数13 078的8页A4纸大小的文本一份，其中，段落数30，行数338，非中文单词48个，中文字符和朝鲜语单词13 030个。

（3）编码　利用NVivo8.0对文本资料进行编码。第一步，新建项目，将整理好的文本资料导入软件，熟记文本内容，构建基本概念框架。第二步，对资料进行编码分析。编码是质性研究最重要的步骤之一，本研究对原始资料自上而下进行阅读，边分析边归纳，将编码先保存为“自由节点”，待编码完成后，再重新检视各个节点，分析各个“自由节点”之间的关系，归纳分类，形成“树状节点”。

第三节　社会志愿团体参与养老照护实践困境的质性分析结果

1. 树状节点

通过整理节点，构建出 5 个树状节点，分别为养老照护内容的适当性、志愿团队能力建设、持续性、项目财务以及风险性，见表 7.1。

表 7.1　各节点编码参考点

一级节点	二级节点	编码参考点数
养老照护内容的适当性（19）	项目对服务对象需求的一致性	11
	志愿者组织实施项目的合理性	8
志愿团体能力建设（17）	志愿者服务能力	12
	志愿团体组织能力	5
持续性（16）	服务对象可持续性	6
	项目经济持续性	7
	志愿团体可持续性	3
项目财务（12）	财务管理	5
	资金来源	7
风险性（10）	服务对象安全风险	2
	项目团队风险	2
	志愿者安全风险	6

2. 各子节点编码参考点

得到的 12 个子节点分别为项目对服务对象需求的一致性、志愿者组织实施项目的合理性、志愿者服务能力、志愿团体组织能力、服务对象可持续性、项目经济持续性、志愿团体可持续性、财务管理、资金来源、服务对象安全风险、项目团队风险、志愿者安全风险（表 7.1）。一级节点位于从属关系的最顶层，其编码参考点数依赖其下属二级节点编码参考点数，其中项目养老照护内容的适当性参考点数为19、志愿团体能力建设参考点数为17、持续性参考点数为16。结合专业知识，将所占参考点数较多的项判定为社会志愿团体参与养老照护现存问题的重点。

第四节 社会志愿团体参与养老照护的实践困境解析

1. 养老照护内容的适当性与老年人现实需求不匹配

养老照护内容的适当性主要包括项目对服务对象需求的一致性、志愿者组织所实施项目的合理性两个子节点，其编码参考点数分别为11，8。

项目对服务对象需求的一致性即要求[5]。在访谈探讨分析中，养老志愿服务项目难以进行的原因之一是其志愿服务项目的内容难以真正满足老年人或养老机构的现实需求，尤其是一些志愿组织方在不了解服务对象真正需求的情况下，自我固态机械化地进行养老志愿服务活动，无法实现供需对等，从而使得一些项目持续性得不到保证，不被服务对象认可。有被访谈者提到，“他们所合作的一些养老照护志愿团体中，社会自主参与的养老照护志愿团体与政府购买服务下的养老照护志愿团体相比，前者往往能够更好地考虑服务对象的需求，与其进行需求沟通”。而就后者分析，这种政府开展、政府推动的政府主导养老照护志愿服务形式，是养老照护志愿服务被动消极化、内容“呆板”化、活动难以持续化的原因之一，如何从政府主导化模式过渡到政府帮助、社会组织自治模式是解决问题的关键[6]。

其次，志愿组织所实施项目内容的合理性亦值得商榷。作为公益组织，有其无偿性和公益性[7]的特点，在志愿服务实施过程中，其服务内容或志愿者过于利益化或与金钱挂钩太多必定会损害其原有性质及宗旨的合理性。志愿组织在制定、实施项目时，养老照护志愿服务的计划书内容也要有其适当性，要与其职能使命相一致。有访谈者提到“一些项目负责人计划书撰写得很完善，但在真正实施过程中却遇到很多难以解决的问题”，这种理论与实践脱节的不合理性需要引起重视。养老志愿服务的适当性还应当注意不能过度服务，如对于原本缺乏子女关爱的老年人，若过度服务，将子女的照护责任全部包揽，则会使老年人对家人的依赖度降低，子女应尽责任则会弱化，甚至在财产继承方面会出现老年人倾向于将财产捐赠给毫无血缘关系的志愿者，处理不当则会带来伦理及法律问题。

2. **养老照护志愿团体能力建设不足**

养老照护志愿团体能力建设不足主要分为志愿者服务能力以及志愿团体组织能力问题两个子节点，其参考编码点数分别为 12，5。

从志愿者服务能力角度来看，某些项目实施后没有达到预期项目效果，在一定程度上可能并不是由于项目内容设计本身存在的问题，而是由于在实施过程中志愿者服务能力的欠缺而影响了整体服务水平[8]。有被访谈者提及，“在对老年人实施回忆疗法的过程中，由于志愿者沟通能力不足的问题，不懂得如何采取正确的方式与老年人交流，无法探求老年人的真正需求，导致志愿者与老年人情感交流不到位，使得很多老年人不愿回忆过去，无法达到回忆疗法对老年人所产生的积极效果”。除此之外，在养老照护志愿服务中，虽有些养老照护志愿团体部分人员接受过相关专业培训，但由于志愿者养老照护相关专业能力的熟练程度较专业从业者欠缺，专业能力的不熟练甚至缺乏导致养老照护志愿服务中存在一系列问题。志愿者由于能力不足，一方面对活动实施中的风险产生担忧，另一方面，尤其针对老年人这一弱势群体，在服务实施过程中面对老年人的突发情况更是没有能力处理，这对老年人的安全来说也是无法得到保障[8]。

其次，就养老照护志愿团体组织能力问题分析，其主要包括项目管理能力、人力资源管理能力、组织资源筹措能力等[9]，由于志愿团体以上各领域人才的缺乏以及外界支持资源匮乏，导致志愿团体整体组织能力如活动策划、宣传、组织管理能力等降低。就访谈中提及的志愿团体宣传能力一点进行分析，团体内部无擅长策划宣传的相关人才或与外界媒体合作较少，导致无法抓住媒体的关注点来扩大其社会影响力。除此之外，政府对养老照护志愿团体往往却缺乏工作指导，只是进行后期检查、监督等工作，志愿团体在遇到问题时没有求助对象，团体也无法及时引进先进的理论、体系等，这对团体组织能力的建设、成长及项目的实施都存在不利影响。

3. **养老照护志愿服务项目缺乏持续性发展**

持续性主要分为项目经济持续性、服务对象可持续性以及志愿团体可持续性三个子节点，其参考编码点数分别为7，6，3。

养老照护志愿服务是一项具有长期性和延续性的志愿服务[10]。有被访谈者提到，“对于项目投资者来说，实现项目创新固有其优点，但是前期优秀项目的持续化实施亦非常重要，当一个项目刚有其系统化模式和服务效果呈现，项目投资者却取消对该项目的资金投入进而转向其他项目，这对社会志愿团体项目发展的持续性会造成很大影响”。另外，志愿团体往往会存在流动性大、人员组成不稳定等现象，这对志愿服务的持续化进行也是一大障碍[9]。而养老照护志愿团体若能够在长期活动的摸索中逐步形成其较完整的项目体系，整个志愿团体养老照护能力在一定程度上也会有所提升，而且志愿者在与固定被服务老年人、被服务机构或家庭的长期接触中，逐渐搭建起其之间的关系，更加理解被服务对象真正的需求，其服务对象的可持续性得到了一定的保证，这对志愿团体本身的可持续发展也是另一方面的帮助。

4. **项目资金来源匮乏及财务管理经验不足**

项目财务方面的问题主要分为资金来源及财务管理两个子节点，其参考编码点数分别为7，5。

资金短缺是各类志愿活动开展的常见共性问题，很多活动的实施以及志愿团体建设都需要一定的资金保障。目前政府对志愿服务活动资金支持太过单薄，社会志愿团体只能通过募集或者通过商业赞助获得资金，其次就是靠政府项目化活动获取资金来源，但只有非常少的优秀项目才可能争取到项目资金，一些小型的民间志愿者组织活动开展根本就没有政府的财力支持[11]。除此之外，即使获得项目经费支持，但仍存在一定风险，项目投资方一旦取消这一项目的实施及政策支持，其后期的资金来源也可能成为问题，以志愿服务形式进行的养老照护活动，存在同样的资金短缺问题，财务的匮乏使得项目活动难以满足其运转的必须要求，项目活动内容有时也无法满足老年人真正的现实需求。

另外，访谈中有被访谈者提出，“养老照护志愿团体在资金管理上亦存在管理能力不足的问题，不论是项目志愿团体还是项目资金投入者对于如何使用资金、哪里需要使用而哪里不需要使用都不是很明确。同时，两者在项目资金支出上还会存在财务分歧，项目投资者要求按其预算表进行支出，而志愿团体在项目活动实施过程中发现其预算不恰当之处，希望修改支出计划，但出于项目投资者要求，不得不遵循原预算表进行活动项目支出”，这从更深层次上分析，就是计划与实践的分歧问题。

5. 养老志愿服务存在风险

风险性问题主要分为三个子节点：志愿者安全风险、服务对象安全风险以及项目团队风险，其参考编码点数分别为 6，2，2。

在志愿活动实施过程中的两类主要群体——服务对象及志愿者，其安全问题都缺乏一定保障[12]。一方面，对于志愿者来说，有些志愿团体会为其志愿者购买意外保险，但是大部分志愿团体由于其志愿者流动性较大或者对志愿者安全保障意识不强，未为志愿者购买保险。另一方面，对于老年人这一弱势群体来说，由于其自身身体因素，活动实施过程中不可避免地会存在一定风险，但志愿团体对于这一方面的制度保障并不完善。除此之外，以上两方面风险问题都会对整个志愿团体或是志愿团体负责人带来一定影响，有被访谈者即提出“由于志愿者和老年人这两类人群的安全存在风险，作为负责人，一旦某个环节出现问题，需要对整个项目承担起责任”。

第五节 社会志愿团体参与养老照护的对策建议

1. 增强养老照护志愿服务项目的合理化

从养老照护志愿团体组织内部来讨论，志愿组织作为公益组织的存在，首先需考虑其活动实施与其组织性质的一致性问题。项目负责人在制定项目计划时，需考虑项目可实施性以及所实施的养老照护内容的适当性，一方面不能与实际脱轨，造成实施过程中难以解决的问题；另一方面，也要从服务对象真正的需求出发，尽量满足服务对象的需求，进一步实现供需对等和多层次服务[13]。当然，在活动中，亦需考虑是否存在过度服务的现象，尽量规避将子女应尽的照护责任以及机构护工照护责任弱化的风险。针对这一方面的问题，可在志愿活动中适当增加志愿者与老年人子女、机构护工的沟通以及其参与程度，使志愿组织在发挥志愿服务意义的同时，也能强化以上两类人群的应有的责任感。

2. 进一步提高对养老志愿服务项目资金及工作支持

政府、志愿团体管理方须合理加强对养老志愿服务项目资金及工作支持及指导[14]。由于养老照护志愿服务项目资金缺乏导致的持续性问题，政府、志愿团体管理方须合理、适当增加对一些优秀项目的持续性资金投入，使该社会志愿团体能够持续发挥其志愿服务意义并在服务过程中不断完善自身不足。部分养老照护志愿团体建设初期常存在整体能力不足的问题，须加强前期对其志愿服务的工作能力指导，而不只是局限于对活动的监督和审查，从而为志愿团体后期发展提供更好的能力基础[14]。当然这种资金的支持和工作的指导并不意味着以政府为主导进行养老照护志愿服务，而是以一种“新公共服务”理念[15]，如何在社会自治参与养老照护志愿服务的模式下为志愿组织提供帮助，界定好政府、社会组织、企业、志愿者之间的角色定位和职责分工，从而提高养老照护志愿团体参与志愿服务的积极性、持续性以及整体能力等[16]。

3. 各方协作加强养老照护志愿团队整体建设

养老照护志愿团队建设，需从志愿团队能力、制度规范等多方面巩固加强。

除需从政府、志愿团体管理方等对团队能力建设进行的初期指导、支持外，志愿团队内部在后期也需不断强化相关能力建设[17]，包括志愿者基本能力及专业养老照护能力的持续性提升，增加对志愿者实施相关养老照护技能培训，提高其养老照护知识及技能水平，同时也可采取以老养老互助式活动模式，吸纳更多健康、有专业能力的老年人，如退休医生、律师、教师等，为团队提供更多组织能力建设性人才[18]。

4. **加强风险管理与控制**

与志愿者有关的风险包括志愿组织、志愿者或服务对象所面临的风险[19]。对于养老志愿服务中存在的老年人风险、志愿者风险及养老照护志愿组织风险，如何尽量规避这三类风险的存在，团队管理者需加强在法律方面的学习，如《慈善法》《老年人权益法》《侵权责任法》以及宣传部、民政部等发布的《关于支持和发展志愿服务组织的意见》等相关内容[20]，或者增加对法律人才的吸收，如上文所提及的以老养老互助式中对退休律师的人才吸纳，提高志愿团体前期风险评估的能力。依据各种法律制度，做好前期风险评估，制定相关保障制度，有意识地形成政府、社会、个人风险共担机制，借助保险公司和保险经纪公司的风险管理经验，及时发现并消除养老志愿服务过程中存在的安全隐患，提升养老照护志愿服务团体和志愿者的风险意识，更好地维护老年人的合法权益以及志愿者的权益[20]。除志愿组织管理者自我加强对风险评估方面的学习、制定相关保障制度外，志愿组织还应在活动前期加强对志愿者的专业志愿服务能力的培训及风险意识的培训，从而最大程度规避志愿活动中由于志愿者能力不足问题所带来的风险问题，最终实现志愿组织、志愿者、服务对象三者风险性的最小化。

本章所实施的小组焦点访谈在开展过程中亦存在一些不可避免的局限，虽访谈者鼓励每位被访谈者积极参与到讨论中，但是仍有部分人员的参与积极性不是很高，还出现了被部分人员主导的问题，这一点需在今后的小组焦点访谈中改善，若在时间允许条件下，也可运用一对一访谈方法，提高被访谈者的参与程度。在座位设计方面，此次访谈过程中并没有很好地完善，对于被访谈者访谈过程中的细节如表情、语言感情等也未能够加以注意并做好记录，这些有待在今后研究中继续探讨。

参考文献

[1] 中华人民共和国国家统计局．中华人民共和国2017年国民经济和社会发展统计公报[EB/OL]．(2018-02-18)[2019-06-21]．http://www.stats.gov.cn/tjsj/zxfb/201802/t20180228_1585631.html.

[2] 全国老龄工作委员会办公室．养老人才紧缺，晚年该何处安放？[EB/OL]．(2015-04-08)．http://www.cncaprc.gov.cn/contents/20/76506.html.

[3] 胡雁，王志稳．护理研究[M]．北京：人民卫生出版社，2017：281.

[4] 郭玉霞，刘世闵，王为国，等．质性研究资料分析：NVivo8活用宝典[M]．台北：台湾高等教育出版社，2009：28.

[5] 刘璐瑶．北京市居家养老服务供给现状的研究[J]．劳动保障世界，2017(33)：16-17.

[6] 朱奭．社区志愿失灵中的政府责任研究：以南湖区为例[D]．上海：上海交通大学，2016.

[7] 魏娜，刘子洋．论志愿服务的本质[J]．中国人民大学学报，2017，31(6)：79-88.

[8] 唐欣欣．关于社会工作介入养老志愿服务的思考[J]．山西青年，2018，(12)：31-30.

[9] 涂敏霞，刘思贤．志愿服务组织能力建设调查报告：以广州志愿组织建设为分析视角[J]．广东青年干部学院学报，2012(2)：11-15.

[10] 毛佩瑾．养老志愿服务的现状分析及对策研究[J]．广西青年干部学院学报，2010(3)：66-69.

[11] 李颖．养老机构志愿服务的现状、问题及对策：以浙江省绍兴市为例[J]．社会福利(理论版)，2016(2)：49-54.

［12］聂阳阳，穆青．志愿服务发展研究志愿服务过程中风险的预防与救助［J］．中国青年研究，2010（10）：8-12.

［13］徐晓玲．志愿者参与养老服务路径研究［J］．社会福利（理论版），2016（10）：14-17.

［14］黛比·哈士奇·利文撒尔，卢卡斯·梅斯，莱斯莉·哈斯廷克斯，等．志愿服务三方模型：基于政府、企业和学校的视角［J］．青年探索，2016（3）：31-40.

［15］罗伯特·B·登哈特，珍妮·V·登哈特．新公共服务：服务，而不是掌舵［M］．方兴，丁煌，译．北京：中国人民大学出版社，2010.

［16］孟令君，隗苗苗．基于新公共服务、社会资本和社会支持网络理论研究养老志愿服务［J］．社会福利（理论版），2016（6）：32-34.

［17］宿玥．我国非营利组织中志愿者管理的问题及对策研究［J］．理论界，2010（10）：194-195.

［18］韩琳．养老志愿服务发展组织化进程［J］．中国老年学杂志，2017（4）：1025-1027.

［19］Groble P, Brudney J. Preparing Nonprofit Leaders for Volunteer Risk and Liability Through Nonprofit Education Programs［J］. Journal of Nonprofit Education and Leadership, 2016, 6（4）: 331–349.

［20］孙文灿．养老志愿服务侵权责任研究［J］．老龄科学研究，2016（10）：9-15.

第八章　社会非正式照护力量参与养老的典型案例分析

案例是对现实工作中具体工作和现象的客观描述和反思，比较详细地记录了具体的工作细节。典型案例可以呈现事物发展的问题情境，并通过反思探讨事物发展的原因和影响，从中提炼出可借鉴的理论和方法。

对于典型案例的分析并不仅是为了介绍案例本身的有效性和价值，更为重要的是通过对典型案例现实意义、理论及应用价值的思考，吸取其中有益的工作方法和思想，从而启发人们对于案例整体实施的思考，开拓新的工作思路。本章遴选介绍了以医院医护人员为主体的志愿服务团队、以社会志愿者为主体的志愿服务团队所开展的养老照护志愿服务项目各一项，以及一项以医学高等院校师生为主体的团体所开展的养老照护志愿服务项目，以期通过对这些典型案例的剖析，尤其是对其特色及可推广性的思考，为今后社会非正式照护力量参与养老工作提供参考。需要说明的是，这些项目作为典型案例并不代表着项目各环节都是“十分完美”的，其项目本身抑或具有明显需要改进的地方，但这并不妨碍我们通过典型案例的介绍和思考，从中领悟他们对于养老照护的积极探索。

第一节　徐州市沛县红十字养老照护志愿服务项目

1. 项目背景

徐州沛县红十字养老照护志愿服务队成立于2017年5月，目前有130名志愿者，据志愿者的专业特长共分成10个小组，每组每月到社区、村镇、敬老院、企事业单位组织1~2次，针对老年人的不同需求把生活照料服务、康复保健服务、文体娱乐服务、精神慰藉服务等相关知识培训及宣传。自2017年3月份以来共培养养老照护师资8人，团队成员扎根基层社区，传播养老照护知识，开展应急救护培训，指导老年人科学预防和治疗疾病，对老年人实施精神关爱等；顺应广大人民群众的需求，及时调整、拓展养老照护志愿服务内容，努力做到贴近群众需求、贴近生活需要，为当前居民家庭养老难题出一份力、尽一份责。

2. 项目内容

（1）加大培训力度，提升服务能力　沛县人民医院副院长张慧敏作为第一期养老照护师资参加培训，并被任命为县红十字养老照护队队长。作为分管护理工作的副院长，她充分利用工作优势，号召全院护理人员参与养老照护工作，挑选技术精湛、业务娴熟、爱岗敬业、素质优良、身体健康的医务人员参加志愿服务工作，根据培训对象的不同制作课件及展板；根据老年人的疾病种类分别进行入户指导培训；根据老年人的居住环境分别进行入户指导培训；根据天气和培训对象的身体状况选择培训地点，并精心准备；根据照护对象的自身特点选择志愿者服务，建立联系卡。

为了顺利开展工作，同时消除老年人的顾虑和怀疑，志愿服务队统一购置并制作了服装（白T恤、黑裤子）、胸牌、工作证（照片、姓名、联系电话）、腰包、水杯、无线话筒、横幅、宣传材料等，服装统一，队伍整齐，是一道亮丽的风景。

（2）加强志愿者管理，主动提供优质服务　多次组织志愿者观摩交流养老照护服务，不断提升业务能力和水平。采取分期分批分对象、集中培训和入户培训相结合等方式，开展养老照护目的意义、对志愿者的要求、志愿服务内容和规章制度、疾病防控和治疗等培训活动，力争所有志愿者都能熟练掌握养老照护服务的专业技能和本领。多次组织志愿者到各个社区、敬老院，为当地群众讲授急救知识，讲解现场急救、自救、互救的基础知识及方法，除此之外，还结合专业视频播放画面，利用模拟人进行心肺复苏现场演示，不仅提升了广大群众的自救、互救能力，还大大提高了广大群众的急救意识，让大家在切身体会中掌握急救知识，呵护生命健康。

（3）强化舆论宣传，扩大社会效益　在充分利用广播、电视、报纸等传统媒体宣传的基础上，更加注重运用微信平台等新媒体传播知识、宣传典型。注册了沛县红十字养老照护微信公众号，设立了“养老百科”“活动内容”“加入我们”等栏目，定期更新内容、发布动态，方便群众查阅。借助微信公众号的引领作用，并拓展其功能，使用传统媒体 + 新媒体结合，借力电台、报纸、微博等广造舆论，扩大影响力度，弘扬志愿精神，根据居民喜闻乐见的方式，引导全社会增强关爱老年人的意识，提高老年人的养老质量，推动志愿服务事业不断取得新成效。

（4）开展“零距离”服务，提照护质量　根据服务对象、服务内容等不同，对志愿服务队伍进行分片包干，并向照护服务对象发放印有志愿者姓名、电话、服务特长等内容的“连心卡”，方便照护对象及其家庭成员联系和预约服务，定期上门为老人服务，使老人感受到社会的温暖。针对老年人的身心特点，制作并上门发放健康知识卡片，一对一指导和解答老年人因科学饮食、科学健身、科学防病等产生的疑惑和问题，免费提供测量血压、进行心理疏导等服务。定期组织义诊咨询，免费测量血压 3 000 余次，派送健康宣传画册 5 000 余册，制作宣教展板 10 余幅，发放宣传资料 15 000 余份，受到广大群众的欢迎和好评。

（5）设立固定志愿服务站点发挥特色志愿服务效果　2018 年 5 月，志愿者服务队以鼓楼小区为阵地，设立固定志愿服务站点，每周六下午 14:30 至 17:30 为老年人提供志愿服务，以弱势群体为帮扶对象，积极开展各项志愿服务活动，尤其是组织志愿者开展关爱空巢老人、关爱残疾人、科普宣传等各种志愿服务活动，帮助弱势群体解决生活困难；以弘扬奉献、友爱、互助、进步的志愿服务精神，传播“志愿服务，成就美丽人生；为民奉献，传递温暖笑容”的志愿服务理念，倡导良好社会风气，健全社会服务体系，促进社区和谐建设，以爱心、互助共创美好生活，提升公共文明幸福指数，得到老年人一致好评。

3. 项目剖析

（1）项目特色　该团队属于以医护人员为主体的志愿服务组织，依托所在单位的医疗资源，能够充分利用工作优势，号召全院护理人员参与养老照护工作，挑选技术精湛、业务娴熟、爱岗敬业、素质优良、身体健康的医务人员参加志愿服务工作。此外，在舆论宣传，扩大社会效益方面，该团队注册了沛县红十字养老照护微信公众号，设立了“养老百科”“活动内容”“加入我们”等栏目，借助微信公众号的引领作用，并拓展其功能，使用传统媒体 + 新媒体结合，借力电台、报纸、微博等广造舆论，扩大影响力度，弘扬志愿精神，根据居民喜闻乐见的方式，引导全社会增强关爱老年人的意识，在跟进养老照护知识和技能推广，实现健康传播方面进行了积极的探索。

（2）可推广性分析　该团队属新组建的志愿服务组织，其在团队建设方面，多次组织志愿者观摩交流养老照护服务，不断提升业务能力和水平；采取分期分批分对象、集中培训和入户培训相结合等方式，开展养老照护目的意义、对志愿者的要求、志愿服务内容和规章制度、疾病防控和治疗等培训活动，力争所有志愿者都能熟练掌握养老照护服务的专业技能和本领。对于志愿服务队伍组建与能力提升的重视和具体做法、经验具有较好的推广性。

第二节 常熟市“流水琴川”养老照护志愿服务项目

1. 项目背景

“博爱家园”为老服务项目是常熟市“流水琴川”协会秉承“老吾老以及人之老”的优良传统，在常熟市红十字会指导下，在琴川街道颜北社区开展的一项旨在为空巢高龄老人提供一些力所能及的帮助的红十字志愿服务项目。该项目自2017年5月8日启动以来，服务对象由最初的高龄老人，扩展到现在的高龄和60岁以上伤残重病人员并有；服务人数也由最初的30位，增加2019年4月份的53位。

2. 项目内容

“博爱家园”为老服务的服务内容主要有陪聊、测血糖、量血压、理发、小家政，以及一些适合服务对象行动的集体活动如茶话会、包馄饨等；服务形式则主要采取“走进去”“请出来”“走出去”等方式。所谓“走进去”，就是入户走访。每月一次，安排在上旬某个周二的上午。主要内容包括陪聊、测量血压、小家政服务。所谓“请出来”，是相对于“走进去”的一项服务，包括两个内容：一是把有行动能力的老人接到社区，以集体活动的形式，为老人提供一个互相交流的平台。每月一次，安排在下旬某个周二的上午。志愿者和老人们互相交流，共进午餐。该团队为这一形式的活动取了一个名字，叫“听老人们讲那过去的故事”。二是以每月10号和20号为固定时间，在社区为老人提供测量血糖和理发服务。对于个别完全丧失行动能力的老人则提供上门服务。所谓“走出去”，就是带老人们远足。这样的活动一般一年安排一次。考虑到老人的耐受力，一般都安排在附近景区。比如2017年安排在沙家浜景区，2018年安排在拈花湾景区。

该团队项目内容以2019年为例，其设计如下：

1月份，以常态化的入户走访、陪聊、测量血压和10号、20号上午为固定时间测血糖、理发服务为主。结合即将临近的春节，在月中开展一次迎新联谊活动；月末组织一次做汤团和送汤团活动。

2月份，春节。走访暂停一次，测量血糖、血压，理发照旧；大年初一为重残阿姨送餐；元宵节走访、送汤圆。

3月份，以常态服务为主。迎接“植树节”，整理“博爱小花园”，补植花卉，并邀请老人们参观小花园；下旬讲故事、包馄饨、送馄饨。

4月份，以常态服务为主。结合世界卫生日，向老人们宣传卫生保健知识；下旬讲故事、包馄饨、送馄饨。

5月份，以常态服务为主。结合劳动节、青年节、母亲节，组织一次小型分享会，把有活动能力的老人请到社区活动室，分享他们年轻时的荣光；下旬讲故事、包馄饨、送馄饨。

6月份，以常态服务为主。结合父亲节，邀请部分老人座谈，把茶话旧；结合端午节，组织老人们包粽子、送粽子。

7月份，以常态服务为主。结合建党节和社区党建活动，邀请老年党员座谈；下旬讲故事、包馄饨、送馄饨。

8月份，以常态服务为主。结合建军节，对服务对象中的退伍军人进行慰问；下旬讲故事、包馄饨、送馄饨。

9月份，以常态服务为主。结合中秋节，邀请红钻石食品有限公司人员来社区与老人们一起做月饼，并给每位老人发放一盒鲜肉月饼。

10月份，以常态服务为主。结合国庆重阳双节，与社区共同组织一次郊游活动；重阳节送重阳糕。

11月份，以常态服务为主。结合11月9日消防日、14日世界糖尿病日，开展一次消防知识宣传和糖尿病知识普及；下旬讲故事、包馄饨、送馄饨。

12月份，以常态服务为主。结合12月3日国际残疾人日，对服务对象中的残疾人做一次入户保健服务；月底与社区联动，组织一次迎新春联谊活动；下旬讲故事、包馄饨、送馄饨。

3. 项目剖析

（1）项目特色　为了更好地为老人服务，以达到满意的效果。该项目每个月都有详细的活动计划，其特色在于将活动时间与活动内容与中华民族的相关节日相结合。见多了“一次性”的服务，一开始，老人们对该团体的出现是深怀疑虑，甚至有所抗拒的，但与节日相结合的志愿服务形式以及志愿者的真诚消除了他们的疑虑，他们不但接受，而且表示出了极大的欢迎和期盼。每到节点，老年人都会留在家里，等待团队成员到来时的门铃。上门服务一般是上旬和下旬的某个星期二。老人们摸准了规律，星期二就成为他们一月两次期盼的日子。志愿者的真诚，换来的是老人的真诚。每次上门，他们都会与志愿者们侃侃而谈他们的家史、家事；每次上门，老人们都会想着法子招待志愿者们；在老人们的家里，听得最多的一句话就是“谢谢你们”。受志愿者人数的限制，每次的上门服务时间都不能太长（一般在半小时以内），但每次上门，不论是老人还是志愿者，都希望能多坐一会，多聊一会，多看一会。

一次性的服务，过后即忘，老人们或许并不在意；但这种约定的常态化的活动，是老人们期盼的。因为志愿者带给老人们的不只是一个小小的礼物、几句简单的家常、一些不起眼的服务，更多的是社会的重视、社区的关注、年轻人的尊重。而这些都是独居寂寞的老人们最迫切需要的。老吾老以及人之老，是志愿者们参加“博爱家园”为老服务的初心，也是志愿者们坚持下去的志愿！

（2）可推广性分析　常熟市“流水琴川”协会依托“博爱家园”为老服务项目，秉承“老吾老以及人之老”优良传统，在琴川街道颜北社区进行了积极探索和实践。这一旨在为空巢高龄老人提供一些力所能及的帮助的红十字志愿服务项目，自开展以来受到活动对象的欢迎。项目以与社区居民约定的常态化活动形式，避免了仅分发小礼物、聊家常的服务形式。在常态化活动中，与我国的传统节日相结合，设计了具有区域特色的活动形式，更让服务对象体会到了社会的重视、社区的关注、年轻人的尊重。

第三节　南京医科大学护理学院“微天使夕阳护航”志愿服务项目

1. **项目背景**

“微天使夕阳护航”志愿服务项目由南京医科大学护理学院养老照护志愿服务队组织开展。为进一步开展养老照护工作建立实践平台的发展基础，项目组于2018年5月与南京市江宁区东山街道东山社区实践基地达成协议，并以此为重点实践基地并赴其他社区、养老机构实践基地开展广场公益义诊、健康宣教、陪伴老人进行怀旧疗法、测量血压与血糖、手指操、ToT式培训、老年人疾病预防、心理疾病指导、娱乐游戏、微党课等各项活动。2018年度，参与志愿服务共589人次，利用大学生成长服务平台（Pocket University）统计服务时长参数为2 341小时，团队平时记录服务人次参数为5 861人次。

南京市江宁区东山街道东山社区现有60周岁以上老年人口3 212人，占社区总人数的12%，其中70岁以上的高龄老人共1 057人，占老龄人口总数的32.9%。一方面，社区缺乏专门的养老照护机构，缺乏专业的养老志愿者，养老照护团队可通过对相关人员进行养老照护知识培训来完善这一空缺；另一方面，在这些老人中，很多老人的子女由于工作的繁忙又难以长时间陪伴在自己父母的身边，一些老人既缺乏生活自理能力，又缺乏家人的陪伴和关爱，红十字南丁格尔养老照护团队可通过丰富的活动形式，让老人们得到精神的慰藉和一定程度上健康的保障。

2. **项目内容**

（1）加强志愿者内部建设，提升志愿团队整体能力　为提升作为养老照护志愿者的基本能力素质，自志愿团队成立以来，团队内部积极组织开展内部养老照护培训等，包括血压及血糖测量、老年人饮食健康知识培训、应急救护知识培训等各项培训，以提高团队成员基本养老照护的能力。为增强志愿者志愿服务品德思想素质，组织者积极为志愿者提供与养老照护及志愿服务经验相关分享会3次，让志愿者从他人志愿服务经历中受到情感熏陶，提高自我进行志愿服务意识。

表 8.1　分享会信息

时间	分享者	分享者所在单位或组织	分享内容
2018.4	丁益民、周宗菊	流水琴川义工协会、睢宁心理咨询协会	养老照护志愿服务
2018.11	曹艳华	广州人口发展研究院	老龄化现状及护理事业发展
2018.12	江永新、杜之润	南京绿丝带公益协会	志愿服务经验

（2）开展公益服务，扩大志愿服务影响范围　为进一步扩大志愿服务活动的范围及影响，让更多老年人受惠，项目组在落实好东山社区的养老志愿服务工作外，积极于方山社区、各养老机构、徐州师寨镇卫生院等开展广场公益义诊、健康宣教、陪伴老人等活动，并于暑假期间积极组织团队志愿者赴南京、徐州、南通、常州、扬州五地，并以徐州地区为重点开展养老健康扶贫志愿服务，进一步扩大了该项目志愿服务的范围，扩大了志愿服务的影响力。在活动中，共发放养老照护书籍 500 余本，爱心物资 250 余份，为老年人提供更切实的惠利。

表 8.2　暑期志愿服务活动资料

地点	参与人员	活动形式
徐州	江苏省红十字会及徐州本地领导、学院专业师资及医生 5 名、研究生 1 名、养老志愿者 11 名	广场义诊、ToT 式、手指操、微党课、入户精准扶贫等
南京	本科生养老师资 1 名，志愿者 4 名	ToT 养老照护培训、寿司制作微课堂、微党课
常州	本科生养老师资 1 名，志愿者 4 名	健康义诊、健康宣教、打扫卫生等
南通	本科生养老师资 2 名，志愿者 2 名	健康宣教、健康义诊、打扫卫生等
扬州	志愿者 2 名	健康宣教、陪伴老人进行怀旧疗法等

表 8.3　发放物资清单

地区 / 社区 / 养老机构	养老书籍发放数量（本）	爱心物资发放数量（份）
徐州沛县师寨镇	300 余	150 余
社区	100 余	50 余

续　表

地区 / 社区 / 养老机构	养老书籍发放数量（本）	爱心物资发放数量（份）
养老机构	100余	50余

（3）服务于精准扶贫攻坚，提供精准健康扶贫服务　在暑期徐州沛县师寨镇专项志愿活动中，积极响应贯彻落实习近平新时代中国特色社会主义思想，紧密结合中央、江苏省委省政府以及学校精准扶贫攻坚战略，关注特殊群体，提供个性化服务，通过“一对一”走进贫困户家庭的形式，根据不同对象需求，共精准帮扶22户家庭，为每家每户带去爱心物资，实地解决老年人身体健康、慢病防治等问题，并普及健康理念，同时有随队的心理学教授给予专业的心理精神疾病指导并为部分家庭建立档案便于长期性跟踪扶助和调研。

（4）开展系列微党课，弘扬老党员精神　发挥本团队已有的预备党员优势并联合教工党支部，在各实践基地的老人中挖掘老党员，充分发挥老党员的思想引领作用。利用怀旧疗法，一方面老党员可以通过回顾生命历程，发现自我价值所在；另一方面，了解老党员的故事，定期开展与老党员的交流实践活动，录制剪辑微党课视频，讲述当年的“红”事，形成老党员个人事迹材料，通过学院微信推送，推广红色文化，弘扬前辈的革命精神，指引后辈的前行。

3. 项目剖析

（1）项目特色　该团队建立了护理学院专业养老志愿服务品牌组织。团队由指导老师（3名）、机构、团队负责学生（2名）垂直化管理，形成系统、制度化的管理模式，以院内接受过专业养老师资培训的师生为志愿团队主体（每学年15~20人组成），专业养老志愿服务学生（每学年50~100名不等）、学生和教职工党支部共同参与，辅以与临床医护人员、社会工作者等合作，积极探索互助养老服务模式，努力发展居家、社区和机构养老志愿服务融合发展的服务形式。团队形成培训、实践、科研三位一体志愿服务模式，为老年人及其家属以及老年人护工等主要服务群体提供专业化养老服务，进一步推动健康养老的发展，改善老年人健康促进行为、改变其健康危险行为。

（2）可推广性分析　团队的养老志愿服务从最初的非体系化、零散式发展模式，一步步改善拓展，创新志愿服务活动形式及志愿服务团队管理模式，成立专门老年护理协会，形成专业养老志愿服务模式雏形，到 2017 年中国南丁格尔志愿服务总队南京医科大学护理学院分队成立，逐步形成培训、实践、科研三者结合的志愿服务模式，进一步将养老照护志愿服务朝着常规化、长期化、体系化、专业化方向发展。该团队的发展路径可供参与养老照护的医学院校团队参考。

第九章　社会非正式照护力量参与养老的展望

社会志愿团体参与养老照护不是一劳永逸的事，应在对当前社会力量介入养老照护给予积极肯定的基础上，从服务的专业化、制度化、项目化等方面进行深入的探索与实践，进一步提升社会志愿团体参与养老照护的质量和水平，满足广大老年人日益增长的多元化、多层次的养老服务需求，切实把优质服务带到老年人身边，推动我国志愿服务事业发展，为健康中国助力。

第一节　健全组织与管理

1. 健全购买服务方式

养老志愿服务队伍是开展养老照护志愿服务的主体，是完善老年人社会支持体系的有效补充。传统意义上的养老照护志愿服务队伍，多是自发组建，服务内容多是由志愿服务组织制定，其经费多数由志愿服务组织通过完全自助、吸引社会捐赠、志愿服务基金收益以及其他合法收入等方式自行解决。而随着各级政府在养老事业与产业发展中的主导角色的变化，各级政府及有关民政、红十字会等部门可以依法通过购买服务等方式，支持养老照护志愿服务的运营与管理，并依照国家和各地有关规定向社会公开购买服务的项目目录、服务标准、资金预算等相关情况，并接受志愿服务工作协调机构、资方有关部门、养老照护志愿者的监督。这种类型的养老照护志愿服务，其供给方实为“各级政府及有关部门＋志愿服务组织”，志愿服务组织是具体的实践执行者。

2. 开展规范化质量监管

养老照护志愿组织的监管需要建立完善的评价与反馈体系，实现质量监管的持续性。质量监管内容上，一方面为养老照护志愿者培训质量的评价，养老照护志愿者在培训结束需进行知识与技能的考核，以及对整体培训及各个培训模块的满意度的反馈，以评价培训质量。定期组织养老照护志愿者进行复训，对其进行再次的考核评定；另一方面为养老照护志愿服务质量的监管，通过建立养老照护志愿者档案，进行培训与考核的记录，同时以问卷形式调查老年人对服务质量的满意度，设立组织内部监察小组进行质量管理以便进行后期的服务培训的意见统一反馈，以便于进一步改进培训计划与设置。在质量监管实施上，可借由养老照护专业或行业组织完成。在质量监管的形式上，可以结合阶段性普查、不定期随机抽查等多种途径。

第二节　延伸服务方式

1. 提高志愿服务参与率

结合“时间银行”等方式，以服务换服务，鼓励更多的人参与到养老照护志愿服务工作中来。中国南丁格尔志愿护理服务总队南京医科大学护理学院分队将养老照护实践与南京市民政局“时间银行”活动结合，尝试开展了适合高等医学院校师生群体的“时间银行”特色活动。通过“时间银行”等活动，可以吸纳更多人群参与到养老照护队伍中。

2. 延伸服务需求满足方式

志愿服务团体主导的养老照护志愿服务主要是从组织成员的实际状况出发，依据志愿者的知识结构、技能、能力、态度行为等，在与养老机构或居家养老管理者对接的基础上确定服务内容。其服务内容通常较为常规，易受活动策划者个人因素限制，缺少对于老年人的需求深入、客观的分析。老年人主导的养老照护志愿服务则是以老年人需求为导向进行科学设置，从而做到精准提供养老服务，向老年人提供具有针对性、贴近实际需求的精准化、个性化的服务。以需求为导向，针对性开展老年照护志愿服务活动，依据老年人经济收入、身体状况、服务需求等，分别提供不同层次的服务内容，使不同老年人的服务需求得到满足。亦可承接政府购买项目，建立科学的评估机制，纳入符合条件的服务对象。提高对重点人群的养老服务的关注，着重满足空巢、高龄、失能、失智、经济困难老人的服务需求。

第三节 “大水漫灌”与“精准滴灌”理念的有机结合

1.“大水漫灌”是实现养老照护知识与技能传播的有效方式

《“健康中国2030”规划纲要》凸显了健康传播在医疗资源分布不均、老龄化趋势、国民健康素养偏低，以及医患关系紧张等新形势下的重要意义。健康传播旨在借助各种媒介的渠道，结合多种传播的手段，为促进生命安全而制作和分享健康信息的过程。健康传播的实质是以传递信息、普及健康知识为目的的一种社会实践性活动。对于养老照护而言，把养老照护知识与技能传播至每个家庭，而不仅限于养老机构及老年人群体，是普及养老照护知识与技能的重要目标。由于我国居民对于养老照护缺乏系统理解，因而，在相当长的时间内，“大水漫灌”式的养老照护志愿服务活动仍是养老照护知识与技能普及的重要方式。

2.“精准滴灌”是提升养老照护品质的有效选择

“精准滴灌”可以克服“大水漫灌”式服务内容不深、服务设计缺乏针对性和个性化等问题。在深入需求分析的基础上，借助网格化管理方式，提供“订单式”志愿服务是养老照护志愿服务发展到一定阶段的必然选择。“精准滴灌”对于志愿服务的管理者提出了更高要求，尤其是在项目专业化发展、精准化项目选择与设计、协调资源等方面。需要注意的是，志愿服务的“精准滴灌”并不代表要满足老年人的所有需求，如同在本书第三章第二节中提出的那样，社会志愿团体参与养老照护的核心问题是社会志愿团体能够完成的养老照护范畴界定问题。厘清社会志愿团体参与养老照护的核心问题，能够避免潜在的法律纠纷，是社会志愿团体参与养老照护专业化的重要前提。

附录　养老照护志愿服务规范化培训专家共识

执笔：

李现文　南京医科大学护理学院

成道祥　江苏省红十字会卫生救护部

审议专家（以姓氏笔画为序）：

刘世晴　江苏省护理学会老年护理专业委员会

汤江林　共青团江苏省委社会联络部（志工部）、江苏省青年志愿者协会

许家仁　江苏省老年医学学会

许　勤　南京医科大学护理学院，江苏省护理学会护理教育专业委员会

张伟新　江苏省老年学学会

聂　城　江苏省红十字会卫生救护部

管园园　南京医科大学护理学院

编写秘书：

邢　颖　南京医科大学护理学院

当前，我国人口年龄结构金字塔正在发生显著变化，典型表现为金字塔上部呈现扩大趋势而底部则表现为不断萎缩，人口结构已由“正三角”形转向“梨”形[1]，预计到2050年，老年人口的比重明显上升，养老照护是当前和将来很长一段时间我国重要的社会问题之一。与日益严峻的老龄化问题矛盾的是，我国养老照护专业人员严重缺失。按照社会正常标准测算，具有照护技能的照护人员和老年人员的配比应为1∶4，而目前我国养老机构的职员数量不足30万人，其中取得职业资格证书的员工仅4万人[2]。习近平总书记在中共中央政治局集体学习时，就我国人口老龄化的形势和对策问题明确提出“社会参与”的要求[3]。我国的老龄化速度在“十三五”期间表现为明显放缓的趋势[4]，这为我国积极应对老龄化所带来的挑战提供了良好机遇。在养老照护队伍有着极大缺口和需求的背景下，经过培训的社会志愿团体参与到养老照护对于减轻老年照护人力负担具有积极意义，同时能够助力“健康中国”建设、提高人民群众健康福祉。但目前养老照护志愿服务培训制度尚不明晰，培训在方案设计、内容选择、考核评价等方面存在薄弱环节。为了找准精神文明建设切入点与发力点，不断满足老年人养老服务需求，培养和发展适应老龄化社会需求的专业化养老照护志愿服务队伍，在行业论证、前期实践和实地调研的基础上，南京医科大学护理学院与江苏省红十字会卫生救护部组织专家就养老照护志愿服务规范化培训制定并审议了本共识。

1. **养老照护志愿服务培训的工作背景**

1.1 必要性

近年来，我国的养老照护在养老模式及体系建设、服务制度发展等方面取得了长足进步，但仍有一些问题没有得到足够关注[5]，主要表现为对失能、失智老年人等有养老照护特殊需求即问题突出的老年群体关注较多，而对有一般照护需求即问题不突出的老年群体关注较少；对当前的老年群体关注较多，而对即将步入老年即准老年人等群体将面临的养老照护问题关注较少；对于养老照护人力的探索多关注于建立固定、全职的专业养老服务从业者，而对于能够在一定空间灵活发挥作用的非固定专业团体培养较少[6]。而社会志愿团体参与养老照护恰是破解这些尚存问题的积极举措。国家发展和改革委员会联合民政部、国家卫生健康委于2019年2月发布的《城企联动普惠养老专项行动实施方案（试行）》中也明确提出，各地要定期组织志愿者团队开展养老志愿服务活动。

1.2 紧迫性

中国国家统计局2019年的数据显示，2018年末我国60周岁以上及65周岁以上人口分别超过2.4亿及1.6亿，占总人口的17.9%和11.9%[7]，老龄化问题严峻。老年人养老照护服务需求尚未得到完全满足[8]，养老照护队伍有着极大需求和缺口，专业化养老照护志愿者能弥补养老照护主体缺位。目前国务院已取消养老护理员的职业资格认定，并不是意味着养老照护者不被需要，恰恰相反的是，初衷是为了鼓励行业组织等承担更多培训责任，加大专业化培训力度，提高培训的参与人群覆盖率，从而输出更多的实践性养老照护人才。目前，对于专业化养老照护志愿者尚无可以借鉴的培训制度，社区志愿者的培训多是由各团队自行开展，内容单薄，缺乏相应的培训模式与制度[9]，进而限制了养老照护的质量。因此，目前亟须启动养老照护志愿服务规范化培训，输出一线养老照护志愿服务人才，推动老年照护事业的发展。

1.3 可行性

在政策层面，《"健康中国2030"规划纲要》凸显了健康传播在医疗资源分布不均、老龄化趋势、国民健康素养偏低，以及医患关系紧张等新形势下的重要意义。相比于医生与护士的专业执业性质，以及全职护理员的全工作时限照护特点，社会志愿团体参与养老照护体现着更加明显的养老照护知识与技能的传播角色。宣传养老照护知识及推广养老照护技能是实践健康传播的重要载体。在实践层面，国内对于社会志愿团体参与养老照护的评价分析表明，不同类型社会志愿团体（以医院医务人员为主体、以医学院校学生为主体、以社会志愿者为主体）参与养老照护均体现出了高于投入的价值输出[10]，社会志愿团体参与养老照护可产生高于投入的社会价值，从经济价值以及社会价值层面分别证明了对社会志愿团体开展养老照护的可行性。

2. 培训的工作目标

养老照护志愿服务规范化培训目标是使志愿者了解养老相关形势与政策，支持和参与老龄健康事业；使志愿者能够胜任养老照护志愿服务工作；提升养老照护志愿者的专业化素养。

2.1 养老照护志愿者培训目标

通过规范化培训，使养老照护志愿者能够了解老龄化社会背景，熟悉养老相关政策，明确在养老服务发展中的职责，并具备专业养老照护知识与技能的掌握与应用能力、情感支持与良好沟通的能力、积极的道德品质与志愿服务精神，以及管理能力、风险评估与应急协调能力。培训结束后，能在所在地定期或不定期组织或参与养老照护志愿服务。

2.2 养老照护志愿者师资培训目标

在具备志愿者养老照护能力的基础上，还须具备培训授课与志愿者胜任力所需的评估能力、领导能力，在培训结束后在所在地开展志愿者培训并建立或发展志愿团队，组织开展养老照护知识普及与健康服务系列活动。

3. 培训对象与内容

3.1 培训对象

所有参与养老照护服务的志愿者均应接受规范化培训。

3.1.1 具有医学背景与养老专业背景或从事相关工作的人员，各县（市、区）医院在职医护人员、养老机构在职护理员、医学院校专业教师以及社区所在街道的已退休有精力的医护人员，报名选拔或推荐后可参加培训。

3.1.2 已经从事养老照护志愿者工作一年以上的志愿者，有一定照护基础和志愿服务经历，有较强的语言表达能力、动手能力，有时间参加养老服务工作，经报名选拔或推荐后可参加培训。

3.2 培训内容

考虑到基于养老照护志愿者需求及胜任能力的模块化教学，以及老年照护需要突出的实用性、安全性、适用性，培训内容应包括生活照护、慢性病照护、安全防范、精神慰藉、人文教育与沟通、康乐活动、实践技能培训等。

3.2.1 生活照护　包括老年人饮食照护、老年人排泄照护、老年人清洁照护、老年人睡眠照护、老年人体位变换照护等知识与技能。

3.2.2 慢性病照护　包括老年人用药照护，高血压、糖尿病等病人的健康教育以及失能、失智老人的照护措施。

3.2.3 安全防范　包括老年人跌倒的预防与处理，老年人窒息的原因与表现，老年人窒息的防护，老年人烧烫伤的防护措施，老年人走失的原因与防护措施，心脏呼吸骤停的判断与急救，以及志愿者自身防护及风险规避介绍。

3.2.4 精神慰藉　包括老年人心理特点介绍，老年人抑郁症识别与筛查，老年人焦虑症的识别与筛查，老年人抑郁症的心理照护，以及老年人阿尔兹海默病的心理照护。

3.2.5 人文教育与沟通　包括志愿服务运动的起源与发展的介绍，志愿服务精神的介绍；各地区优秀养老照护志愿者事迹的宣讲与分享；并通过情景互动与角色扮演等，使志愿者更好地从老年人的角度理解老年人的心理，提升与老年人的沟通技巧。

3.2.6 康乐活动　包括老年人常见娱乐与体育活动的介绍，老年人康乐活动准备工作与注意事项的介绍，老年人康乐活动项目策划。

3.2.7 实践技能培训　针对饮食照护、排泄照护、清洁照护、睡眠照护、用药照护、活动与转运、康乐照护等内容，组织养老照护志愿者在养老机构或居家日托中心见习，使其能熟悉各类机构工作流程与照护环境，进一步提升实践能力，实现理论与实践的结合。

4. 培训的组织与实施

成立养老照护志愿服务规范化培训岗位能力考核领导小组。领导小组下设有考核委员会、培训委员会与监督委员会。考核委员会负责培训考核标准及考试细则的制定；培训委员会负责遴选培训基地与培训师资，制订培训方案；监督委员会负责培训质量与培训考核的监管。

4.1 由各地养老照护社会志愿团队组织选拔并推荐每期参与受训人员，上报培训委员会。

4.2 由培训委员会制定培训方案与细则，培训形式设定为在遴选的规范化培训基地集中或分期开展总时长为期 1 周的系列线下培训课程，同时可拓展线上培训路径。

4.3 由考核委员会在培训结束后组织管理学员考核事务，对考核通过的学员进行考核及资质认证。

4.4 由监督委员会建立养老照护志愿者培训档案，由所有参与培训人员需填写编号培训档案，记录培训人员的基本信息、培训课时、考勤记录、学习总结等培训有关记录，由规范化培训办公室统一管理，并依据培训情况进行实际情况追踪抽查。

5. **培训的考核与评价**

培训质量的监管需要建立完善的培训考核与评价体系，培训是否有效，不仅是依据养老照护志愿者在培训结束时知识与技能的掌握情况，还是依据在后期服务过程的运用效能[11]。

5.1 针对培训对象胜任力的考核

考核包括培训过程考核及培训结束后考核。考核内容以养老志愿服务常见问题为导向，由理论考核、操作技能考核、试讲考核、课堂考评等方面组成。各项考核均为通过者，即颁发培训合格证书。

5.2 针对培训项目的评价

培训评价从多维度展开，第一个维度为养老照护知识的培训反应，即对整体培训及各个培训模块的满意度；第二个维度为养老照护志愿者的学习评估，包括知识、技能、试讲以及志愿服务文化与精神的掌握程度；第三个维度为志愿服务开展中的后续追踪，进行志愿者队伍服务效能的监管，给予养老照护志愿者实际工作中知识与技能运用情况的反馈平台，追踪跟进培训效果，并定期组织养老照护志愿者进行复训，对其进行再次考核评定。

6. 小结

养老志愿服务规范化培训专家共识的发布，并非为了给出培训的硬性衡量标准或者设立门槛，而是为了提供可借鉴的规范化培训制度，从而起到督导、规范作用。在养老志愿服务工作缺乏专业性，接受系统照护知识和技能学习人员较少的背景下，规范化养老照护志愿者培训的开展，可全面提高养老照护志愿者素质，推动专业化养老照护志愿者团队的发展，从而切实把优质照护服务带到老年人身边，填补我国养老照护队伍的缺位。需要注意的是，本共识的制定可参考的原始研究文献较少，故其证据等级可能受限。

参考文献

[1] 辜胜阻，吴华君，曹冬梅. 构建科学合理养老服务体系的战略思考与建议 [J]. 人口研究，2017，41（1）：3-14.

[2] 刘秀楠，傅端香. 社会化养老结合照护人才培养的困境与对策 [J]. 改革与开放，2017，（11）：54-55，62.

[3] 党委领导政府主导社会参与全民行动，推动老龄事业全面协调可持续发展 [EB/OL].（2016-05-30）[2019-02-16]. http://tv.chinacourt.org/13583.html.

[4] 翟振武，陈佳鞠，李龙. 中国人口老龄化的大趋势、新特点及相应养老政策 [J]. 山东大学学报（哲学社会科学版），2016（3）：27-35.

[5] 管园园，陈红丽，李现文，等. 社会志愿团体参与医养结合照护的基本理念、核心问题及对策 [J]. 医学与社会，2019，32（2）：21-24.

[6] 李现文，管园园，许勤. 社会志愿团体参与医养结合照护的实践路径 [N]. 中国人口报，2019-03-21（003）.

[7] 中华人民共和国国家统计局. 中华人民共和国 2018 年国民经济和社会发展统计公报 [EB/OL].（2019-02-28）[2019-06-21]. http://www.stats.gov.cn/tjsj/zxfb/201902/t20190228_1651265.html.

[8] 柳如梦 . 需求导向下社区养老服务的社工介入 [D]. 南京：南京师范大学，2016.

[9] 林小希 . 上海社区养老志愿者服务体系研究 [D]. 上海：上海工程技术大学，2013.

[10] 陈红丽，管园园，聂城，等 . 社会志愿团体开展养老照护的志愿者投入和价值评价 [J]. 中华护理教育，2019，16（3）：234-236.

[11] 郗子斐 . 城镇社区居家养老服务的人力资源建设研究 [D]. 西安：西北大学，2015.